100 BOWLS zum Abnehmen

Heather Whinney

Inhalt

Räuchermakrelensalat mit Harissa-Joghurt (Seite 74)

Wochenendbrunch 54

Bowls ohne Kochen 80

Regenbogenreis
mit Chilidressing
(Seite 76)

Achtung, fertig, **Bowl!**

Köstliches aus der Schüssel essen und gleichzeitig die Kalorien in Schach halten – leichter lassen sich ausgewogene Mahlzeiten nicht genießen! Die Rezepte und Tipps in diesem Buch helfen Ihnen dabei, die Pfunde zu verlieren, die Sie loswerden möchten.

Warum aus der Bowl essen?

Eine schnell zubereitete Ein-Schüssel-Mahlzeit mit farbenfrohen, leckeren Nahrungsmitteln ist genau richtig, wenn Sie etwas Gesundes brauchen, das satt macht, kalorienarm ist und zugleich Energie liefert.

Bowls – die neuen Teller

Essen aus der Bowl hilft bei der Gewichtskontrolle. In eine Schale oder Schüssel passt einfach weniger als auf einen Teller. Portionsgrößen lassen sich so besser kontrollieren, bleiben gleichmäßig groß und liefern trotzdem eine vollständige Mahlzeit. Aufgrund ihrer runden Form haben wir bei einer Bowl den Eindruck, es sei viel mehr drin als auf einem Teller. Unser Gehirn wird ausgetrickst und wir glauben, eine üppigere Mahlzeit zu uns zu nehmen als bei einem Tellergericht. Bei Bowl-Gerichten sollten die fünf Grundgeschmacksrichtungen – süß, sauer, bitter, salzig und umami – ausgewogen sein. Ohne viele zusätzliche Kalorien können Sie die Mahlzeiten mit Kräutern, Gewürzen, Samen und Dressings anreichern. Ein weiterer Vorteil: Das Essen lässt sich gut mitnehmen, so haben Sie jederzeit eine ausgewogene Mahlzeit dabei und müssen nicht auf minderwertige Fertigprodukte zurückgreifen.

Genießen Sie das Essen

Bei Bowl-Gerichten werden die Zutaten besonders schön angerichtet. So erklärt sich, warum eine Mahlzeit aus der Schüssel interessanter aussieht und besser schmeckt. Während des Essens spricht zunächst das Aussehen unsere Sinne an, erst dann Textur und Geschmack. Das erhöht den Genuss, ja selbst das Sättigungsgefühl ist am Ende größer.

Eine ausgewogene Mahlzeit

Wenn Sie bestimmte gesunde Nahrungsmittelgruppen ausgewogen in einer Mahlzeit kombinieren – Vollkornprodukte, mageres Protein, Gemüse und eine Sauce oder Dressing –, bestimmen Sie die Zutaten und vermeiden so versteckte oder unnötige Kalorien. Dieser ernährungsphysiologische Ansatz fördert ein längeres Sättigungsgefühl, sodass Sie keine Snacks benötigen. Eine Bowl mit Avocado, Tomaten, Fisch und Gemüse etwa liefert nicht nur wichtige Nährstoffe und sieht toll aus, die Kombination aus zarten und knackigen Texturen macht insgesamt zufriedener.

Bowl-Gerichte werden immer beliebter, weil mit ihnen das Genusserlebnis höher ist.

Der Bowl-Gerichte-Plan

Das Prinzip ist einfach, doch es funktioniert: Eine ballaststoffreiche Ernährung mit magerem Protein und Gemüse in einer Bowl hilft Ihnen abzunehmen und das Gewicht zu halten. Zugleich ist es eine kreative Art zu essen und überaus vielseitig. Je nach Jahreszeit lassen sich die Zutaten abwandeln, so können Sie im Sommer beispielsweise rohe Zutaten für zusätzliche Farbe und mehr Biss hinzufügen oder im Winter lieber eine Bowl mit etwas Heißem essen.

Bowl-Food hat viele Namen

Es kann sein, dass Sie für ein und dasselbe Gericht ganz unterschiedliche Namen hören und lesen. Hier finden Sie die häufigsten Namen für Bowl-Gerichte.

- **Açai Bowl:** Enthält die antioxidanzienreiche Superbeere Açai, deren säuerliches Aroma sie zu einer perfekten Bowl-Zutat macht.
- **Breakfast Bowl:** Damit Sie länger satt bleiben, enthalten sie oft mehr Protein in Form von Eiern, Hülsenfrüchten oder Bohnen.
- **Buddha Bowl:** Erinnert an Buddhas dicken Bauch: prallvoll mit Gemüse, Bohnen, Nüssen und/oder Samen.
- **Hippie Bowl:** Unterschiedliches Superfood, etwa Quinoa, Samen, Beeren, Gemüse und mehr in einer Schüssel.
- **Nourish Bowl:** Sieht aus wie ein Salat in der Schüssel und liefert sehr viel Protein, Kohlenhydrate sowie gesunde Fettsäuren.
- **Poke Bowl:** Eine Schüssel mit neu interpretiertem Sushi auf hawaiianische Art. Enthält rohen Fisch, Sushireis und Gemüse.
- **Power Bowl:** Liefert Energie für den ganzen Tag durch die ausgewogene Zusammensetzung von Protein und energiereichen Lebensmitteln.
- **Rice Bowl:** Erst kommt Naturreis in die Schüssel, dann Fleisch oder Fisch und Gemüse.
- **Smoothie Bowl:** Pürierte Früchte oder Gemüse, darauf kommen Nüsse oder Samen – ideal zum Frühstück.
- **Sushi Bowl:** Die Sushirolle aus der Schüssel kombiniert gesunde Fette, Meeresgemüse und Sushireis.

Was zeichnet eine **nährstoff-reiche Bowl** aus?

Ausgewogene Gerichte sind der Schlüssel zum Abnehmen. Wenn Sie qualitativ hochwertige Zutaten aus den wesentlichen Lebensmittelgruppen verwenden, ist der erste Schritt schon getan.

Nährwertbedürfnisse

Damit Sie gesund und vital bleiben, benötigt Ihr Körper jeden Tag essenzielle Nährstoffe. Möchten Sie zugleich abnehmen, zählt jeder Bissen, denn Sie möchten ja keine Extrakalorien zu sich nehmen. Die meisten Mahlzeiten sollten deshalb komplexe Kohlenhydrate enthalten, etwa Vollkorn und Gemüse, die zugleich Ballaststoffe liefern. Kombinieren Sie kleinere Portionen mageren Proteins mit gesunden Fettsäuren, haben Sie schon die Grundlage für eine nahrhafte Bowl.

Komplexe Kohlenhydrate

Frisches Gemüse und Vollkornprodukte liefern komplexe Kohlenhydrate, das heißt sie enthalten Ballaststoffe, die der Körper nach und nach aufspaltet. So werden die Körperzellen kontinuierlich mit Glukose, ihrem Treibstoff, versorgt. Alle Körperfunktionen – von der Atmung bis zur Bewegung – können aufrechterhalten werden. Einfache Kohlenhydrate liefern keine Ballaststoffe und werden vom Körper schnell zu Glukose abgebaut. Der Blutzuckerspiegel steigt rasch an, um dann ebenso schnell wieder abzufallen. Die Folge: Sie fühlen sich müde und haben wieder Hunger. Daher sollte die Hälfte der Zutaten in der Bowl aus komplexen Kohlenhydraten wie Naturreis, Hafer, Hülsenfrüchten und frischem Gemüse bestehen. So bekommt der Körper genug Mineralien, Vitamine, Ballaststoffe und Antioxidanzien.

FLEISCH, FISCH UND TOFU
Liefern **Protein** und **Fette**; möglichst magere Produkte nehmen, um den Anteil der gesättigten Fettsäuren zu minimieren.

OBST, GEMÜSE UND GRÜNES BLATTGEMÜSE
Oft kalorienarm; liefern **komplexe Kohlenhydrate**, **Ballaststoffe**, **Protein** sowie **Vitamine** und **Mineralien**.

Protein

Mageres Protein ist die zweite wesentliche Lebensmittelgruppe. Um Eiweiß aufzuspalten, braucht der Körper länger als für die Verdauung von Kohlenhydraten. Nimmt man Protein zu sich, bleibt der Blutzuckerspiegel über mehrere Stunden stabil, das heißt Sie fühlen sich länger satt. Magere Proteine aus Tofu, Fisch, Eiern und Hähnchen bezeichnet man auch als »komplexe Proteine«. Sie liefern essenzielle Aminosäuren, die der Körper unbedingt braucht, um effektiv zu funktionieren. Etwa ein Viertel eines Bowls-Gerichtes sollte aus magerem Protein bestehen.

Einfach ungesättigte Fettsäuren

Die Tage, als beim Abnehmen Fett verteufelt wurde, sind vorbei. Sie müssen nur das richtige essen. Einfach ungesättigte oder essenzielle Fettsäuren stecken in Avocados, Olivenöl, Nüssen und Samen und liefern wertvolle Nährstoffe. Um diese Fettsäuren zu verwerten, benötigt der Körper länger als für die Aufspaltung von Kohlenhydraten und Proteinen, die Nahrung wird also noch langsamer in Glukose umgewandelt. Einfach ungesättigte Fettsäuren bilden deshalb die dritte wichtige Lebensmittelgruppe. Sie sorgen für ein gutes »Mundgefühl«, erhöhen damit das Essvergnügen sowie das Sättigungsgefühl. Ungefähr 20 Prozent einer Mahlzeit sollten aus ungesättigten Fettsäuren bestehen.

Gesättigte Fettsäuren

Einige dieser Fettsäuren, etwa in Kokosöl, bestimmten Fleischsorten oder Milchprodukten können auch im Rahmen des Abnehmens in geringen Mengen verzehrt werden. Sie liefern wertvolle Nährstoffe. Sollten Sie einmal Heißhunger auf Fett verspüren, ergänzen Sie die Bowl mit möglichst einfach ungesättigten Fettsäuren aus Avocado und Nüssen. Dann vergeht Ihnen der Appetit auf nährstoffarme Produkte wie etwa Donuts.

Legen Sie Ihre **tägliche Kalorienzufuhr** fest

Eine ausgewogene Bowl-Mahlzeit liefert Vitamine, Mineralien und andere essenzielle Nährstoffe, aber auch Kalorien, die Maßeinheit, die bestimmt, wie viel Energie Lebensmittel bereitstellen. Wer seine Kalorienzufuhr im Blick behält, erreicht sein Wunschgewicht leichter.

Wie viele Pfunde möchten Sie verlieren?
Wenn Sie wissen, wie viele Kalorien Sie zu sich nehmen sollten, um abzunehmen, sind Sie Ihrem Ziel schon ein Stück näher gekommen. Auch Ihr Alter sowie Größe, Stoffwechsel und Aktivitätsgrad beeinflussen den täglichen Kalorienbedarf. Dieses Buch geht von dem Ansatz aus, 500 Kalorien weniger als die empfohlene Tagesmenge zu sich zu nehmen (siehe rechts). Das sind in der Woche bis zu 3500 Kalorien weniger oder 450 g Gewichtsverlust. Auf diese Weise verlieren Sie langsam und stetig Gewicht. Ihr Körper profitiert von diesem schrittweisen Prozess und kann sich entsprechend an Ihre tägliche Kalorienzufuhr anpassen.

Wann sollten Sie die Kalorien zu sich nehmen?
Gesunde Ernährung ist keine exakte Wissenschaft, doch wenn Sie einige grundlegende Regeln befolgen, können Sie einen Speiseplan zusammenstellen, der eine gleichmäßige Kalorienzufuhr über den Tag sicherstellt. Mahlzeiten und Snacks sollten nicht länger als vier Stunden auseinanderliegen. Auf diese Weise verhindern Sie Blutzuckerabfälle, die dazu führen, dass Sie Heißhunger auf ungesunde Snacks bekommen und Sie kalorienmäßig über das Tagesziel hinausschießen lassen.

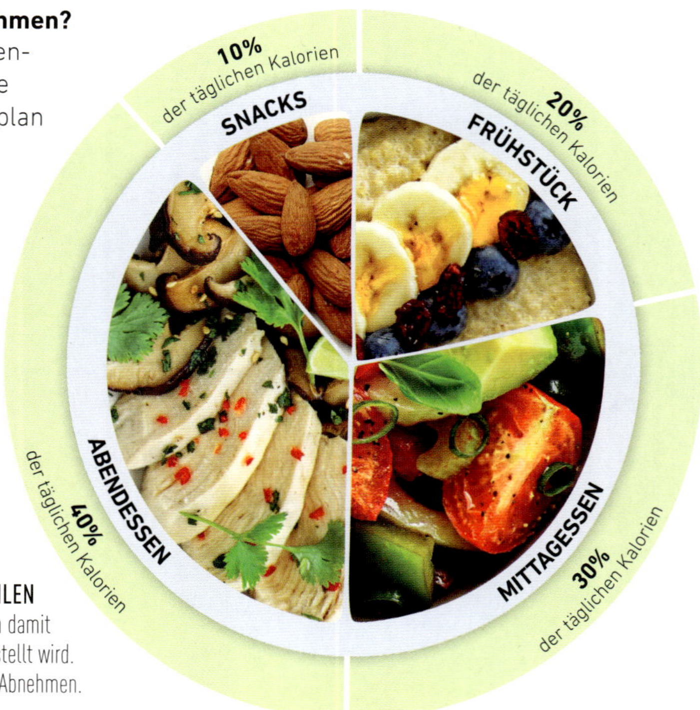

KALORIEN VERTEILEN
Verteilen Sie die Mahlzeiten damit konstant Energie bereitgestellt wird. Das hilft beim Abnehmen.

Den täglichen Kalorienbedarf ermitteln

Wenn Sie abnehmen möchten, helfen Ihnen diese Tabellen, die nötige Kalorienzufuhr zu ermitteln. Ermitteln Sie zuerst Ihren Aktivitätsgrad, erst dann Ihr Alter.
In der rechten Spalte finden Sie die Anzahl der Kalorien, die für eine gesunde Gewichtsabnahme empfehlenswert ist. Dies sind genau 500 Kalorien weniger als bei einer gewichtserhaltenden Ernährung. Wenn Sie schneller Pfunde verlieren möchten, sprechen Sie dies vorher mit Ihrem Arzt ab.

Tägliche Kalorienzufuhr (Männer)

	SITZEND		MODERAT AKTIV		AKTIV	
ALTER	EMPFOHLENE KALORIEN	KALORIEN ZUM ABNEHMEN	EMPFOHLENE KALORIEN	KALORIEN ZUM ABNEHMEN	EMPFOHLENE KALORIEN	KALORIEN ZUM ABNEHMEN
21–25	2400	**1900**	2800	**2300**	3000	**2500**
26–30	2400	**1900**	2800	**2300**	3000	**2500**
31–35	2400	**1900**	2600	**2100**	2800	**2300**
36–40	2400	**1900**	2600	**2100**	2800	**2300**
41–45	2200	**1700**	2600	**2100**	2800	**2300**
46–50	2200	**1700**	2400	**1900**	2800	**2300**
51–55	2200	**1700**	2400	**1900**	2800	**2300**
56–60	2200	**1700**	2400	**1900**	2400	**1900**
61–70	2000	**1500**	2200	**1700**	2400	**1900**

Tägliche Kalorienzufuhr (Frauen)

	SITZEND		MODERAT AKTIV		AKTIV	
ALTER	EMPFOHLENE KALORIEN	KALORIEN ZUM ABNEHMEN	EMPFOHLENE KALORIEN	KALORIEN ZUM ABNEHMEN	EMPFOHLENE KALORIEN	KALORIEN ZUM ABNEHMEN
21–25	2000	**1500**	2200	**1700**	2400	**1900**
26–30	1800	**1300**	2000	**1500**	2400	**1900**
31–35	1800	**1300**	2000	**1500**	2200	**1700**
36–40	1800	**1300**	2000	**1500**	2200	**1700**
41–45	1800	**1300**	2000	**1500**	2200	**1700**
46–50	1600	**1100**	2000	**1500**	2200	**1700**
51–55	1600	**1100**	1800	**1300**	2200	**1700**
56–60	1600	**1100**	1800	**1300**	2200	**1700**
61–70	1600	**1100**	1800	**1300**	2000	**1500**

Ein Plan zur **Gewichtsabnahme**

Jetzt wissen Sie, wie viele Kalorien Sie zu sich nehmen müssen, um auf gesunde Weise abzunehmen. Erstellen Sie nun einen Speiseplan aus Bowl-Gerichten und Snacks.

Und so funktioniert es

Bei jedem Rezept finden Sie die Informationen, die Sie für einen individuell auf Sie zugeschnittenen Tages-, Wochen- oder Monatsplan benötigen, wie zum Beispiel die Angabe, ob die Bowl 300, 400 oder 600 Kalorien hat. So können Sie einen Plan zusammenstellen, der ganz Ihren Bedürfnissen entspricht.

1 Kalorienziel pro Tag festlegen Bestimmen Sie für die gesunde Abnahme mithilfe der Infos und Richtlinien auf den vorherigen Seiten Ihre individuelle Kalorienzufuhr pro Tag (500 Kalorien weniger als die empfohlene Zufuhr).

So planen Sie einen Tag

Dieses Mahlzeitenbeispiel geht von einer Kombination aus Bowls und Snacks aus, die für ein anhaltendes Sättigungsgefühl sorgen. Es basiert auf einer täglichen Kalorienzufuhr von 1500 Kalorien, geeignet für eine 26–50 Jahre alte, moderat aktive Frau.

UNTER 300 KCAL **Frühstück** + UNTER 100 KCAL **Vormittagssnack** + UNTER 400 KCAL **Mittagessen**

Brombeer-Smoothie (s. S. 36) **237 Kalorien**

Curryreis mit Makrele (s. S. 68) **357 Kalorien**

2 Die Bowls aussuchen
Suchen Sie drei Bowls aus, die insgesamt etwa 200 Kalorien weniger haben als Ihr anvisiertes Kalorienziel pro Tag. Die Angaben bei den Rezepten beziehen sich auf Einzelportionen, zusätzlich erhalten Sie Infos über Kategorie, Zubereitungszeit oder Transportierbarkeit. Suchen Sie Rezepte aus, die zu Ihrem Lebensstil passen.

3 Dazu kommen Snacks
Um ein Kaloriendefizit zwischen den drei Bowl-Mahlzeiten und dem täglichen Kalorienziel aufzufangen, planen Sie zwei Snacks ein. Diese bewahren Sie vor Blutzuckerabfällen und damit vor Heißhunger auf ungesunde und hochkalorische Snacks.

UNTER 100 KCAL Intelligent snacken

Hier finden Sie Beispiele für Snacks, die weniger als 100 Kalorien liefern. Essen Sie zusätzlich zu den Bowls zwei davon, damit Sie auch zwischen den Mahlzeiten satt bleiben.

- 1 Birne, Orange oder kleine Banane
- 350 g Wassermelone in Stücken
- 140 g griechischer Joghurt (0,2 % Fett), 1 TL Honig und etwas gemahlener Zimt
- 1 Reiswaffel mit 2 TL Mandelmus
- 14 ganze Mandeln
- 12 Babymöhren mit 2 EL Hummus
- 10 ofengebackene Tortillachips mit 4 EL Salsa
- 125 g Blaubeeren mit 1 EL Mandelblättchen
- 1 Medjool-Dattel, mit 1 TL Mandelmus gefüllt
- 125 g Beeren

Symbole für spezielle Ernährung
Bei jedem Rezept finden Sie ein Symbol, das zeigt, ob die Bowl laktosefrei, glutenfrei oder vegan ist.

LF = Laktosefrei GF = Glutenfrei V = Vegan

+ UNTER 100 KCAL Nachmittagssnack + UNTER 600 KCAL Abendessen = Etwa 1377 Kalorien

Sie liegen unter dem täglichen Kalorienziel!

Pute mit Mango (s. S. 132) **583 Kalorien**

Vergessen Sie nicht, dass auch Getränke Einfluss auf die Gewichtsabnahme haben. Beziehen Sie diese in Ihr tägliches Kalorienziel mit ein.

Das hilft Ihnen
beim Abnehmen

Leichter fällt das Abnehmen, wenn Sie Ihre Essgewohnheiten ändern. Ihrem Gewichtsziel näher kommen Sie überdies, wenn Sie insgesamt aktiver werden, Kalorien- und Zuckerfallen umgehen und Ihre Fortschritte festhalten.

Mehr Bewegung

Das funktioniert wie beim gesunden Essen auch: Beginnen Sie langsam, mehr Bewegung in den Alltag einzubauen, und bleiben Sie dabei. Sie müssen sich nicht gleich am ersten Tag große Fitnessziele setzen, schon durch einfache Veränderungen – Treppensteigen statt Aufzug nehmen und ein abendlicher Spaziergang – verbrennen Sie mehr Kalorien, was wiederum das Gewicht reduziert.

Auftanken und neu bewerten

Wenn Sie nach dem Sport essen, sollten Sie etwas mit magerem Protein oder komplexen Kohlenhydraten wählen, damit sich die Muskeln erholen. Essen Sie 30 Minuten bis zwei Stunden nach dem Sport, denn das ist die Phase, in der der Körper wieder auftankt und regeneriert. Wenn Sie Ihre Trainingsgewohnheiten drastisch ändern, sollten Sie Ihre tägliche Kalorienzufuhr entsprechend anpassen.

Wie viele Kalorien kann ich in 30 Minuten verbrennen?

Training ist nicht gleich Training. Je intensiver Sie trainieren und je mehr Muskeln beteiligt sind, desto mehr Kalorien werden verbrannt. Hier sehen Sie, wie viel Sie im Durchschnitt bei 30 Minuten Training unterschiedlichster Art an Kalorien verbrennen.

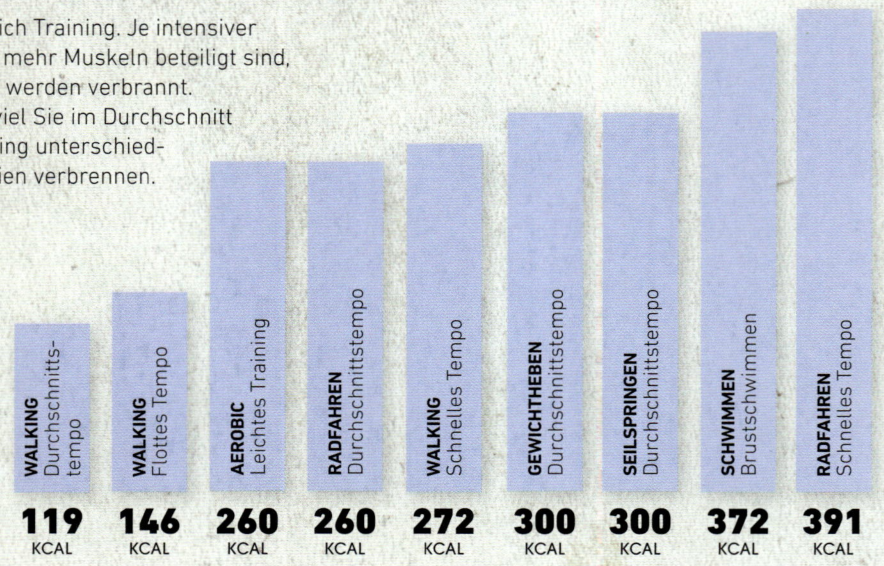

Vermeiden Sie Zuckerfallen!

Die Weltgesundheitsorganisation empfiehlt eine tägliche Zuckeraufnahme unter sechs Teelöffeln, doch die meisten Menschen nehmen sehr viel mehr zu sich.

Viele scheinbar gesunde Nahrungsmittel enthalten versteckten Zucker, sind deshalb hochkalorisch und führen zu Blutzuckerspitzen. Ein Teelöffel (4 g) Zucker liefert 16 Kalorien. Lesen Sie deshalb stets die Packungsangaben. Einige bekannte Zuckerfallen sind:

Fertigmüsli: einige Müslis enthalten pro Portion so viel Zucker wie ein Schoko-Erdnuss-Riegel; Fertigsaucen, -dressings und Dips: ein Esslöffel Ketchup kann bis zu einen Teelöffel Zucker enthalten; Trockenfrüchte: einige liefern mehr Zucker, als in einer Dose Cola steckt.

Notieren Sie Fortschritte

Gewichtsabnahme, Training und Lebensmittelwahl zurückverfolgen zu können, sorgt für mehr Motivation. Wenn Sie festhalten, dass Sie einen Keks essen, überlegen Sie sich das vielleicht zweimal!

Es gibt eine Vielzahl von Websites und Apps, die Ihnen dabei helfen; die meisten sind kostenlos. Sie protokollieren das Gewicht, Ihre Ziele, was Sie essen und wie viel Sie trainieren. Bei einigen sind tägliche Berichte möglich.

Selbst wenn Sie sich nur mit der Hand Notizen machen, was Sie essen und wie viel Sie sich bewegen, kann das hilfreich sein. So erkennen Sie schnell, was falsch läuft und was Sie ändern müssen.

Egal wie Sie vorgehen: Seien Sie wirklich ehrlich dabei.

Intelligent trinken

Sie brauchen am Tag etwa acht Gläser (240 ml) Flüssigkeit, damit der Körper richtig arbeiten kann, und noch mehr, wenn Sie Sport treiben. Einige Getränke enthalten allerdings versteckte Kalorien, die Ihre Gewichtsabnahme torpedieren.
Im Folgenden einige Vorschläge für eine kluge Wahl ... und eine Liste der Getränke, von denen Sie besser die Finger lassen.

Trinken Sie

- ✓ Wasser
- ✓ Heißes Wasser mit Zitrone
- ✓ Kräutertees
- ✓ Früchtetees
- ✓ ab und zu Tee und Kaffee ohne oder mit wenig Zucker
- ✓ grünen Matcha-Tee

Vermeiden Sie

- ✗ zuckerhaltige Getränke wie Limonaden, Energydrinks oder gesüßte Eistees
- ✗ zu viel Zucker in Kaffee oder Tee
- ✗ zuckerhaltige Fruchtsäfte

GESCHMACK OHNE KALORIEN
Kräuter- und Früchtetees erfrischen und schmecken hervorragend, lassen Sie also Limonaden weg.

Planung und Vorbereitung

Wenn Sie Ihren Speiseplan zusammengestellt haben, können Sie einen Vorrat anlegen. Haben Sie die Zutaten zur Hand und einiges schon im Voraus zubereitet, hilft Ihnen das, sich gesund zu ernähren, und Sie müssen nicht zu Fertigprodukten greifen.

Im Voraus einkaufen

Für viele ist es am einfachsten, sich dabei auf die bevorstehende Woche zu konzentrieren. Erstellen Sie zunächst Ihren Wochenplan. Wer später Zeit sparen möchte, sucht sich Rezepte mit ähnlichen Grundzutaten aus. Vieles kann dann schon vorbereitet werden und ist fertig, wenn die Bowl zusammengestellt wird. Steht der Plan, schreiben Sie eine Einkaufsliste mit allem, was Sie benötigen. Halten Sie sich beim Einkaufen an diese Liste. Gibt es zu Hause nichts zu Naschen, werden Sie nicht in Versuchung geführt.

Im Voraus kochen

Wenn Sie die Einkaufsliste für die Woche erstellen, lesen Sie die Rezepte durch und machen sich Notizen, für welche Gerichte Sie partienweise etwas vorkochen können. Die meisten Lebensmittel können im Voraus gegart und luftdicht verschlossen im Kühlschrank gelagert werden. Sie sollten innerhalb von vier Tagen verbraucht werden. Natürlich können Sie die einzelnen Portionen auch einfrieren (siehe rechts); auf diese Weise können Sie größere Portionen vorgaren und später darauf zurückgreifen.

PORTIONSWEISE VERPACKEN
Der Einfachheit halber bewahren Sie Vorgekochtes in Einzelportionen in Dosen oder Beuteln auf. Reste müssen nach dem Abkühlen kalt gestellt oder eingefroren werden. Niemals länger als 2 Stunden draußen stehen lassen.

SMOOTHIES
Richtig aufbewahrt, kann sich ein Smoothie im Gefrierfach bis zu drei Monate halten.

Obst und Gemüse

• Da beides geschnitten relativ schnell verdirbt, sollten Obst und Gemüse erst möglichst kurz vor dem Essen vorbereitet werden. Geschnitten hält es sich zwei Tage im Kühlschrank; wenn Sie also vorher schneiden müssen, bewahren Sie Obst und Gemüse in Dosen oder Gefrierbeuteln auf.

• Geschnittenes Obst und Gemüse mit Zitronensaft beträufeln oder fest in Frischhaltefolie einwickeln, um die Oxidation zu reduzieren.

• Obst und Gemüse erst kurz vor dem Verzehr waschen, zusätzliche Feuchtigkeit fördert den Verderb.

Körner

• Gekochter Reis hält sich luftdicht verschlossen im Kühlschrank; er sollte innerhalb von 24 Stunden verzehrt und gut erhitzt werden. Sie können auch gleich zwei Portionen Reis kochen und die eine für die Bowl am Abend, die andere für das Mittagessen am nächsten Tag verwenden.

• Gegarte Körner, auch Reis, können einen Monat eingefroren werden. Wenn Sie also eine große Menge garen und portionsweise einfrieren, können Sie viel Zeit sparen. In diesem Fall sollten Sie die Körner al dente kochen, denn beim Aufwärmen garen sie noch nach. Es ist wichtig, Eingefrorenes noch einmal gut zu erhitzen.

Smoothies

• Bereiten Sie Smoothies im Voraus zu. Nach dem Mixen können sie, abhängig von den Zutaten, 2–4 Tage im Kühlschrank aufbewahrt werden.

• Smoothies können 3 Monate eingefroren werden.

Dressings

• Sie lassen sich für die ganze Woche im Voraus zubereiten. In einem Schraubglas im Kühlschrank aufbewahren, vor jeder Verwendung gut schütteln.

• Dressings halten sich 1 Woche im Kühlschrank, aber einfrieren sollte man sie nicht. Jeweils nur für 1 Woche vorbereiten, damit man nichts wegwerfen muss.

Marinaden

• Wer Zeit hat, kann Fleisch oder Fisch über Nacht marinieren. So können sie das Aroma der anderen Zutaten besser aufnehmen und der Geschmack wird intensiver.

• Auch wenn das reizvoll sein mag: Verwenden Sie keine Marinaden wieder, die bereits mit Fleisch oder Fisch Kontakt hatten. Sie können Keime verbreiten und das Nahrungsmittel verderben. Jegliche Marinadenreste sofort wegwerfen.

Was kann eingefroren werden?

Bei der Zubereitung der Bowls spart man Zeit, wenn man Zutaten im Voraus verarbeitet und einfriert. Vieles kann eingefroren werden, doch einiges sollte besser frisch zubereitet werden, da es beim Auftauen seine Textur verändert. Die folgenden Zutaten lassen sich gut einfrieren.

Gefriergeeignet

✓ Avocados (püriert)
✓ Bananen (geschält, in Scheiben)
✓ Chilischoten
✓ gegarter Reis und gegarte Körner
✓ Milch oder Mandelmilch
✓ Knoblauch (geschält)
✓ Kräuter (lassen sich aber nicht mehr für die Garnitur verwenden)
✓ Hummus
✓ Zitronengras
✓ Zitrone und Limette (in Stücke geschnitten)
✓ Fleisch (gegart oder roh, in Portionen)
✓ Pesto (in Portionen)
✓ rohe Eier (ohne Schale)
✓ Seiden- oder fester Tofu

Nicht gefriergeeignet

✗ gegarter Fisch
✗ Weichkäse mit hohem Wassergehalt
✗ wässriges Gemüse und Obst, wie Salat, Salatgurken, Bohnensprossen, Radieschen oder Wassermelone
✗ Joghurt

Power für Bowls

Gibt man etwas von diesen Powerfood-Zutaten mit zu den Bowls in diesem Buch, kommen zusätzliche Nährstoffe und Geschmacksnuancen ins Spiel, aber kein Plus an Kalorien.

MATCHA
Matcha – eine Art grünes Teepulver aus Grüntee – enthält 20-mal mehr Antioxidanzien als Blaubeeren oder Granatäpfel.

GOJIBEEREN
(Go-tschie)
Sie enthalten die Vitamine A, B12 und C sowie Eisen, Selen und andere für den Körper wertvolle Antioxidanzien.

QUINOA
(Ki-no-ah)
Quinoa ist glutenfrei und eines der pflanzlichen Lebensmittel, das alle neun essenziellen Aminosäuren enthält.

CHIASAMEN
In Flüssigkeit verzehnfachen die Samen ihr Volumen, deshalb füllen sie den Magen und machen satt. 40 Prozent ihres Gewichts sind Ballaststoffe, zudem liefern sie mehr Omega-3-Fettsäuren als Lachs.

LEINSAMEN
Sie sind glutenfrei und reich an Antioxidanzien, Ballaststoffen und Omega-3-Fettsäuren. Sie enthalten Lignane, die möglicherweise vor hormonbedingtem Krebs, z. B. Brustkrebs, schützen.

AÇAI
(Ah-sai-i)
Açaibeeren liefern Aminosäuren, Ballaststoffe, essenzielle Fette, Vitamine und Mineralien. Studien zufolge sollen sie mehr Antioxidanzien als Himbeeren, Brombeeren oder Erdbeeren enthalten.

Antioxidanzien sollen vor den schädlichen Wirkungen freier Radikaler schützen, welche die Körperzellen beeinträchtigen können.

MEERESALGEN
Meeresalgen sind kalorienarm und enthalten Ballaststoffe, Jod und Lignane. Zahlreiche Studien belegen, dass sie auch kraftvolle Antioxidanzien sind.

MISO
Miso wird aus fermentierten Sojabohnen hergestellt und als Paste angeboten. Fermentiertes ist gut für die Verdauung. Miso enthält alle essenziellen Aminosäuren und ist reich an B-Vitaminen und Antioxidanzien.

Super zum Bestreuen

Samen als Topping liefern zusätzlichen Geschmack und Nährstoffe. Die meisten sind gute Quellen für Ballaststoffe, Mineralien und essenzielle Fettsäuren.

GRANATAPFELKERNE
Reichlich Ballaststoffe und Vitamin C, gut fürs Herz.

SONNENBLUMENKERNE
Weich, nussartig, mit antientzündlich wirkendem Vitamin E und Selen.

SESAM
Nussig und gut gegen Bluthochdruck und Diabetes.

SCHWARZKÜMMEL
Leicht pfeffrig, mit krebshemmenden Inhaltsstoffen wie Thymoquinon.

KÜRBISKERNE
Mild nach Nuss schmeckend, mit abwehrstärkendem Magnesium und Zink.

MOHN
Leicht fruchtig, mit viel Phosphor und Kalzium für gesunde Knochen und Zähne.

Bonusrezepte

Fertigsaucen, -dips und -dressings enthalten reichlich versteckte Kalorien und sind deshalb beim Abnehmen tabu. Wenn Sie sie selbst zubereiten, wissen Sie, was drin ist, und können den Kaloriengehalt pro Portion ermitteln.

Edamame-Wasabi-Dip

Ergibt ETWA 225 G/5 PORTIONEN Zubereitung 5 MIN. Portion 45 G/3 EL

Soll die Bowl etwas schärfer sein? Die Schärfe dieses Dips wird durch cremigen, kühlenden Joghurt abgemildert.

Kalorien **99**	Cholesterin **0 mg**	Ballaststoffe **2,5 g**
Fett insg. **4 g**	Natrium **1 mg**	Zucker **0,2 g**
ges. Fetts. **0,5 g**	Kohlenhydrate **0 g**	Protein **8 g**

Die **ZUTATEN**

115 g Edamame-Bohnen (TK, aufgetaut)

1/2 –1 TL Wasabipaste

2 Knoblauchzehen, grob gehackt

1 EL griechischer Joghurt (0,2 % Fett)

1 Handvoll Minzeblätter

Meersalz und frisch gemahlener schwarzer Pfeffer

Die **ZUBEREITUNG**

1 Die Bohnen in eine Schüssel geben, mit kochendem Wasser bedecken. 3–4 Minuten ziehen lassen, dann abseihen.

2 Bohnen, Wasabi, Knoblauch, Joghurt und Minze in einen Mixer geben, Salz und Pfeffer hinzufügen. Die Zutaten gut durchmixen, 4 EL heißes Wasser zugeben. Zum Schluss mit Wasabi oder nach Belieben abschmecken.

Passt zu Sellerie, Möhren und anderem rohen Gemüse

Ölfreier Hummus

Ergibt **ETWA 650 G/5 PORTIONEN** Zubereitung **5 MIN.** Portion **125 G**

Genießen Sie diesen orientalischen Klassiker ohne Reue, denn Ihr Snack hat nicht viele Kalorien.

Kalorien **68**	Cholesterin **0 mg**	Ballaststoffe **3 g**
Fett insg. **2,5 g**	Natrium **0,1 mg**	Zucker **0,2 g**
ges. Fetts. **0,5 g**	Kohlenhydrate **7 g**	Protein **3,5 g**

Die ZUTATEN

2 Dosen Kichererbsen (à 400 g)

Saft von 1 Zitrone

1 EL Tahin (Sesammus)

1 Prise Zatar (oreintal. Gewürz mischung, nach Belieben)

Meersalz und frisch gemahlener schwarzer Pfeffer

Die ZUBEREITUNG

1 Die Kichererbsen in einen Mixer geben und stückig mixen.

2 Zitronensaft, Tahin, nach Belieben Zatar, Salz und Pfeffer hinzufügen und die Zutaten homogen vermengen. Während des Mixens 120 ml heißes Wasser unterrühren, bis der Hummus eine glatte Konsistenz hat. Abschmecken, gegebenenfalls nachwürzen und noch einmal mixen.

Ofentomaten-Salsa

Ergibt ETWA 675 G/8 PORTIONEN Zubereitung 10 MIN. Röstzeit 20 MIN. Portion 80 G

Diese köstliche Salsa lässt sich im Voraus zubereiten. In einem Schraubglas aufbewahrt ist sie stets einsatzbereit.

Kalorien **9**	Cholesterin **0 mg**	Ballaststoffe **0,5 g**
Fett insg. **0,2 g**	Natrium **1 mg**	Zucker **1 g**
ges. Fetts. **0 g**	Kohlenhydrate **1 g**	Protein **0,3 g**

Die ZUTATEN

6 Tomaten, halbiert

1–2 rote Chilischoten, entkernt

4 Knoblauchzehen

1 TL Olivenöl

Meersalz und frisch gemahlener schwarzer Pfeffer

1 kleine rote Zwiebel, fein gehackt

1 Handvoll Korianderblätter

Saft von 1 Limette + ggf. etwas mehr

Die ZUBEREITUNG

1 Den Backofen bei Ober-/Unterhitze auf 200 °C vorheizen. Tomaten, Chilischoten, Knoblauch und Olivenöl in einem Bräter mischen und mit Salz und Pfeffer würzen. Im Ofen 20 Minuten rösten, bis Tomaten und Chilischoten erste schwarze Flecken aufweisen.

2 Knoblauch und Chilischoten in einem Mixer stückig pürieren. Tomaten, Zwiebel, Koriander sowie etwas Salz und Pfeffer hinzufügen und auf Pulsstufe unterrühren. Den Limettensaft zugeben und weitermixen, bis die gewünschte Konsistenz erreicht ist (die Salsa sollte noch etwas Textur haben). Abschmecken, falls nötig etwas mehr Limettensaft zugeben.

Sriracha-Sauce

Ergibt ETWA 250 G/8 PORTIONEN Zubereitung 5 MIN. Garzeit 10 MIN. Portion 30 G/2 EL

Damit bekommt jede Bowl mehr Schärfe und Nährstoffe – ohne zusätzliche Kalorien.

Kalorien **13**	Cholesterin **0 mg**	Ballaststoffe **0,5 g**
Fett insg. **0 g**	Natrium **2 mg**	Zucker **2,5 g**
ges. Fetts. **0 g**	Kohlenhydrate **2,5 g**	Protein **0,5 g**

Die **ZUTATEN**

50 g rote Chilischoten, grob gehackt

1 Spitzpaprikaschote, entkernt, grob gehackt

3 Knoblauchzehen

1 EL Apfelessig

1 TL Tomatenmark

1 TL Honig

Meersalz und frisch gemahlener schwarzer Pfeffer

Die **ZUBEREITUNG**

1 Chilischoten, Paprika, Knoblauch, Apfelessig, Tomatenmark und Honig in einen Mixer geben, mit Salz und Pfeffer würzen. 120 ml heißes Wasser zugießen und die Zutaten kräftig mixen.

2 Die Mischung in einen kleinen Topf füllen und zum Kochen bringen, anschließend bei schwacher Hitze 10 Minuten köcheln lassen. Die Sauce abschmecken und gegebenenfalls nachwürzen.

Etwas schärfer wird die Sauce, wenn die Kerne mit verarbeitet werden.

Kräuter-Ranch-Dressing

Ergibt ETWA 300 G/20 PORTIONEN   Zubereitung 10 MIN.   Portion 15 G/1 EL

Wer abnehmen möchte, muss nicht auf Geschmack verzichten. Dieses Dressing passt zu jedem Salat.

Kalorien **54**	Cholesterin **0 mg**	Ballaststoffe **3 g**
Fett insg. **2,5 g**	Natrium **2 mg**	Zucker **5 g**
ges. Fetts. **0,1 g**	Kohlenhydrate **5 g**	Protein **1,5 g**

Die **ZUTATEN**

2 EL Seidentofu

1 EL Apfelessig

2 TL Dijonsenf

Meersalz und frisch gemahlener schwarzer Pfeffer

240 g Buttermilch

1 TL fein gehackter Dill

1 TL fein gehackte glatte Petersilie

1 TL Schnittlauchröllchen

Die **ZUBEREITUNG**

1 Seidentofu, Apfelessig und Dijonsenf in einem Mixer pürieren, mit Salz und Pfeffer würzen und ein weiteres Mal mixen.

2 Buttermilch, Dill, Petersilie und Schnittlauch hinzufügen und die Zutaten glatt pürieren. Das Dressing abschmecken und eventuell nachwürzen. (Im Kühlschrank halten sich die restlichen Portionen 2 Wochen.)

Durch Buttermilch kommt zusätzlich etwas Frische ins Spiel.

Grünkohlpesto

Ergibt ETWA 225G/8 PORTIONEN   Zubereitung 5 MIN.   Portion 30G/2EL

Milder Kohl und feurige Chiliflocken geben jeder Bowl eine mediterrane Note.

Kalorien **77**	Cholesterin **0 mg**	Ballaststoffe **2 g**
Fett insg. **6,5 g**	Natrium **22 mg**	Zucker **0,8 g**
ges. Fetts. **0,7 g**	Kohlenhydrate **1 g**	Protein **3 g**

Die **ZUTATEN**

160 g Grünkohl, grobe Stängel entfernt, Blätter grob gehackt

1 große Handvoll Basilikumblätter

3 Knoblauchzehen

1 EL natives Olivenöl extra

1 Prise Chiliflocken + ggf. etwas mehr

20 g Mandelblättchen

Meersalz und frisch gemahlener schwarzer Pfeffer

Die **ZUBEREITUNG**

1 Den Grünkohl in einem Mixer zerkleinern. Die Basilikumblätter hinzufügen und die Zutaten gut vermengen.

2 Knoblauch, Öl und Chiliflocken hinzufügen und so lange weitermixen, bis die Zutaten gut verbunden sind.

3 Mandelblättchen, Salz und Pfeffer zugeben und noch einmal mixen. Das Pesto abschmecken, gegebenenfalls mehr Chiliflocken zugeben. Nach Belieben die Konsistenz mit 1–2 EL Wasser verdünnen.

Power-
frühstück

Frühstücks-Bowls liefern Energie, die den Stoffwechsel ankurbelt und Sie in Schwung bringt. Diese köstlichen Rezepte machen die Gewichtsabnahme leicht.

UNTER **400** KCAL

LF

Hafer-Quinoa-Porridge
mit Zimt & Banane

Zubereitung **5 MIN.** Garzeit **20 MIN.**

Durch die Zugabe von Zimt bekommt dieser deftige Porridge aus Hafer und Quinoa einen besonders würzigen Kick.

Kalorien **348**	Cholesterin **0 mg**	Ballaststoffe **5 g**
Fett insg. **7 g**	Natrium **182 mg**	Zucker **30 g**
ges. Fetts. **0,8 g**	Kohlenhydrate **60 g**	Protein **9 g**

Die ZUTATEN

35 g Haferflocken

50 g Quinoa

1 Prise gemahlener Zimt

300 ml Mandelmilch

½ Banane, in Scheiben geschnitten

6 Blaubeeren

1 TL getrocknete Cranberrys

1 TL Honig

1 TL Kürbiskerne

Die ZUBEREITUNG

1 Haferflocken, Quinoa und Zimt in einen Topf geben, Mandelmilch einrühren. Zum Kochen bringen, anschließend bei schwacher Hitze unter regelmäßigem Rühren 15–20 Minuten köcheln lassen, bis die Quinoa weich ist. (Dickt der Porridge zu sehr ein, etwas Wasser hinzufügen, bis eine cremige Konsistenz entsteht.)

2 Den Porridge in die Servier-Bowl füllen, Banane, Blaubeeren und Cranberrys daraufgeben, mit dem Honig beträufeln und mit den Kürbiskernen bestreuen.

Die ZUSAMMENSTELLUNG

Beginnen mit Hafer-Quinoa-Porridge

Weiter mit Bananen, Blaubeeren und Cranberrys

Zum Schluss Honig und Kürbiskerne

LF GF

UNTER 400 KCAL

Buchweizen-Honig-Porridge
mit Mango & Gojibeeren

Zubereitung 15 MIN. Garzeit 20 MIN.

Buchweizen ist eine gute Alternative zu Haferflocken und sorgt dafür, dass der Blutzucker stabil bleibt.

Kalorien **390**	Cholesterin **0 mg**	Ballaststoffe **6 g**
Fett insg. **9,5 g**	Natrium **83 mg**	Zucker **26 g**
ges. Fetts. **3,5 g**	Kohlenhydrate **65 g**	Protein **8 g**

Die **ZUTATEN**

1 TL Kokosöl

3 EL Buchweizen

160 ml Mandelmilch

1 Prise Açaipulver

1 Prise Meersalz

1 TL Honig

1 Kiwi, halbiert, in Scheiben geschnitten

75 g Mango, gewürfelt

2 TL getrocknete Gojibeeren

1 TL Kürbiskerne

1 TL Chiasamen

Die **ZUBEREITUNG**

1 Das Kokosöl in einer Pfanne mit hohem Rand zerlassen. Buchweizen, Mandelmilch und 400 ml Wasser hinzufügen und kurz aufkochen. Açaipulver, Salz und Honig einrühren und bei schwacher Hitze anschließend 15–20 Minuten sanft köcheln lassen, bis der Buchweizen gar ist. (Eventuell etwas heißes Wasser zugeben, falls die Konsistenz zu dick wird.)

2 Den Porridge in eine Servier-Bowl füllen, mit Kiwi, Mango und Gojibeeren belegen. Kürbiskerne und Chiasamen darüberstreuen.

Die **ZUSAMMENSTELLUNG**

Beginnen mit Buchweizen-Honig-Porridge

Weiter mit Kiwi, Mango und Gojibeeren

Zum Schluss Kürbiskerne und Chiasamen

UNTER **600** KCAL

LF

Hafer-Mandel-Müsli
mit Joghurt & Blaubeeren

Zubereitung **5 MIN.** Backzeit **15 MIN.**

Wenn Sie Müsli selbst machen, können Sie versteckte Kalorien und Zucker vermeiden und wissen, was drin steckt.

Kalorien **459**	Cholesterin **0 mg**	Ballaststoffe **5 g**
Fett insg. **23 g**	Natrium **12 mg**	Zucker **12 g**
ges. Fetts. **5 g**	Kohlenhydrate **47 g**	Protein **13 g**

Die ZUTATEN

100 g Haferflocken
2 TL Kürbiskerne
8 Mandeln, grob gehackt
1 TL getrocknete Cranberrys
1 TL Honig
1 TL natives Olivenöl extra
1 EL Kokosjoghurt
10 Blaubeeren

Die ZUBEREITUNG

1 Den Backofen bei Ober-/Unterhitze auf 150 °C vorheizen. Haferflocken, Kürbiskerne, Mandeln und Cranberrys in eine beschichtete ofenfeste Form geben. Honig und Olivenöl in einer kleinen Schüssel verrühren, über die Mischung gießen und die Zutaten gut damit vermengen.

2 15 Minuten rösten, bis das Müsli eine goldgelbe Farbe hat. Nach der Hälfte der Backzeit einmal gut durchrühren. (Ergibt 2 Portionen. Ist das Müsli abgekühlt, die Hälfte luftdicht verpacken. So hält es sich 1 Woche.)

3 Das abgekühlte Müsli in eine Servier-Bowl füllen. Kokosjoghurt und Blaubeeren daraufgeben.

Die ZUSAMMENSTELLUNG

Beginnen mit Haferflocken-Mandel-Müsli

Weiter mit Kokosjoghurt

Zum Schluss Blaubeeren

LF GF UNTER 600 KCAL

Spinat-Matcha-Smoothie
mit Cashewkernen

Zubereitung 5 MIN.

Dieser grüne Superdrink für den Morgen enthält reichlich Eisen und schenkt Ihnen viel Energie für den Tag.

Kalorien **429**	Cholesterin **0 mg**	Ballaststoffe **4,5 g**
Fett insg. **27 g**	Natrium **183 mg**	Zucker **15 g**
ges. Fetts. **5 g**	Kohlenhydrate **24 g**	Protein **20 g**

Die **ZUTATEN**

½ TL grünes Matcha-Teepulver

12 Cashewkerne

125 g Seidentofu

240 ml Mandelmilch

2 Handvoll Babyspinatblätter

1 ½ TL Honig

1 TL Chiasamen

Die **ZUBEREITUNG**

1 Das Matchapulver mit ½ EL leicht abgekühltem, gekochtem Wasser verrühren. Den Smoothie zubereiten. Dafür die Cashewkerne in einem Mixer zerkleinern. Seidentofu, Mandelmilch, Matcha-Mischung, Spinatblätter und 1 TL Honig hinzufügen und auf höchster Stufe glatt mixen.

2 Den Smoothie in eine Servier-Bowl gießen und 4–5 Minuten zum Festwerden ruhen lassen. (Ist der Smoothie nicht fest genug, 15 Minuten in das Gefrierfach stellen.) Mit dem restlichen Honig beträufeln und mit den Chiasamen bestreuen.

Die **ZUSAMMENSTELLUNG**

Beginnen mit Spinat-Matcha-Smoothie

Weiter mit Honig

Zum Schluss Chiasamen

UNTER **300** KCAL

LF GF V

Brombeer-Smoothie
mit Kiwi & Papaya

Zubereitung 10 MIN.

Brombeeren sind kalorienarm, enthalten reichlich Vitamin C und geben diesem Smoothie eine leuchtende Farbe.

Kalorien **237**	Cholesterin **0 mg**	Ballaststoffe **9 g**
Fett insg. **8 g**	Natrium **131 mg**	Zucker **30 g**
ges. Fetts. **0,8 g**	Kohlenhydrate **32 g**	Protein **6 g**

Die **ZUTATEN**

240 ml Mandelmilch

60 g Brombeeren
+ 3 zum Anrichten

½ Banane

1 TL Leinsamen

1 Kiwi,
in Scheiben geschnitten

2 Scheiben Papaya

1 TL Sonnenblumenkerne

Die **ZUBEREITUNG**

1 Mandelmilch, Brombeeren und Banane in einem Mixer zu glatter Konsistenz mixen, Leinsamen hinzufügen und ein weiteres Mal mixen.

2 Den Smoothie in eine Servier-Bowl gießen. (Ist der Smoothie nicht fest genug, 15 Minuten ins Gefrierfach stellen.) Mit Kiwi, Papaya und den 3 restlichen Brombeeren anrichten, dann mit den Sonnenblumenkernen bestreuen.

Die **ZUSAMMENSTELLUNG**

Beginnen mit Brombeer-Bananen-Smoothie

Weiter mit Kiwi, Papaya und Brombeeren

Zum Schluss Sonnenblumenkerne

LF V

UNTER **400** KCAL

Hafer-Mandelmilch-Porridge
mit Grapefruit & Kakao

Zubereitung 5 MIN. Garzeit 15 MIN.

Das schöne Pink der Grapefruit, dazu die grünen Pistazien – ein Fest für Augen und Magen.

Kalorien **388**	Cholesterin **0 mg**	Ballaststoffe **8 g**
Fett insg. **10 g**	Natrium **131 mg**	Zucker **19 g**
ges. Fetts. **1,5 g**	Kohlenhydrate **59 g**	Protein **11 g**

Die **ZUTATEN**

50 g Haferflocken

240 ml Mandelmilch

1 rosa Grapefruit, filetiert

¼ TL Kakaopulver

1 TL Pistazien, gehackt

Die **ZUBEREITUNG**

1 Die Haferflocken in einen Topf geben, Mandelmilch und 240 ml Wasser zugießen und einrühren. Zum Kochen bringen, anschließend bei schwacher Hitze unter Rühren 10–15 Minuten sanft köcheln lassen.

2 Den Porridge in eine Servier-Bowl füllen, die Grapefruit darauf anrichten, mit dem Kakao bestäuben und mit den Pistazien bestreuen.

Die **ZUSAMMENSTELLUNG**

Beginnen mit Hafer-Mandelmilch-Porridge

Weiter mit Grapefruitfilets

Zum Schluss Kakao und Pistazien

UNTER **600** KCAL

LF V

Hafer-Kokosmilch-Müsli
mit Himbeeren

Zubereitung 5 MIN.

Weicht man die Haferflocken über Nacht in Kokosmilchdrink ein, hat man ein Frühstück zum Mitnehmen.

Kalorien **481**	Cholesterin **0 mg**	Ballaststoffe **10 g**
Fett insg. **18 g**	Natrium **5 mg**	Zucker **18 g**
ges. Fetts. **4 g**	Kohlenhydrate **62 g**	Protein **13 g**

Die ZUTATEN

100 g Haferflocken

240 ml Kokosmilchdrink

1 TL Chiasamen

6 Mandeln, grob gehackt

1 säuerlicher Apfel, entkernt, fein gerieben

7 Himbeeren

Die ZUBEREITUNG

1 Das Müsli am Vorabend, mindestens jedoch 2 Stunden vorher zubereiten. Die Haferflocken in eine Schüssel geben, Kokosmilchdrink, Chiasamen und Mandeln einrühren. Die Haferflocken sollten vollständig bedeckt sein. Abgedeckt 2 Stunden, besser über Nacht, kalt stellen.

2 Das Müsli in eine Servier-Bowl füllen, den Apfel einrühren und mit den Himbeeren bestreuen.

Die ZUSAMMENSTELLUNG

Beginnen mit Hafer-Kokosmilch-Müsli

Weiter mit Apfel

Zum Schluss Himbeeren

LF GF UNTER 600 KCAL

Quinoa-Schokoladen-Porridge
mit Erdbeeren

Zubereitung 5 MIN. Garzeit 20 MIN.

Ja, selbst in eine Bowl zum Abnehmen darf Schokolade! Das Quinoa-Protein macht dieses Frühstück gesund.

Kalorien **469**	Cholesterin **0 mg**	Ballaststoffe **8 g**
Fett insg. **14 g**	Natrium **301 mg**	Zucker **27 g**
ges. Fetts. **1,5 g**	Kohlenhydrate **64 g**	Protein **16 g**

Die **ZUTATEN**

100 g Quinoa

500 ml Mandelmilch

½ TL Kakaopulver

1 TL Honig

3 große Erdbeeren, entstielt, in Scheiben geschnitten

1 TL Mandelblättchen

1 TL gemahlene Leinsamen

Die **ZUBEREITUNG**

1 Die Quinoa in einen Topf geben, die Mandelmilch zugießen, dann Kakao und Honig einrühren. Zum Kochen bringen, anschließend bei schwacher Hitze und gelegentlichem Umrühren 15–20 Minuten sanft köcheln lassen, bis die Quinoa weich ist und das Ganze eine glatte Konsistenz hat. Kurz abkühlen lassen.

2 Den Porridge in eine Servier-Bowl füllen, dann mit Erdbeeren, Mandelblättchen und Leinsamen garnieren.

Die **ZUSAMMENSTELLUNG**

Beginnen mit Quinoa-Schokoladen-Porridge

Weiter mit Erdbeeren und Mandeln

Zum Schluss Leinsamen

UNTER **400** KCAL

LF GF

Quinoa-Honig-Porridge
mit Papaya & Erdbeere

Zubereitung **5 MIN.** Garzeit **20 MIN.**

Für Porridge ist Quinoa eine gute Alternative zu Haferflocken. Die Früchte steuern die nötige Süße bei.

Kalorien **388**	Cholesterin **0 mg**	Ballaststoffe **8 g**
Fett insg. **8 g**	Natrium **216 mg**	Zucker **25 g**
ges. Fetts. **0,7 g**	Kohlenhydrate **62 g**	Protein **3 g**

Die ZUTATEN

100 g Quinoa

300 ml Mandelmilch

1 TL Honig

35 g Papaya, gewürfelt

30 g Erdbeeren, entstielt, in Scheiben geschnitten

1 TL Granatapfelkerne

Die ZUBEREITUNG

1 Die Quinoa in einen Topf geben, Mandelmilch und Honig zugeben. Kurz aufkochen, anschließend bei schwacher Hitze unter gelegentlichem Rühren 15–20 Minuten sanft köcheln lassen, bis die Quinoa weich ist. (Wird der Porridge zu dick, etwas heißes Wasser zugeben.)

2 Den Porridge in eine Servier-Bowl füllen, mit Papaya und Erdbeeren belegen und mit den Granatapfelkernen bestreuen.

Die ZUSAMMENSTELLUNG

Beginnen mit Quinoa-Honig-Porridge

Weiter mit Papaya und Erdbeeren

Zum Schluss Granatapfelkerne

LF

UNTER **600** KCAL

Grünkohl-Orangen-Smoothie
mit Müsli

Zubereitung **10 MIN.** Backzeit **15 MIN.**

Randvoll mit nährstoffreichen Zutaten, schenkt Ihnen dieser Smoothie Power für den Tag.

Kalorien **549**	Cholesterin **0 mg**	Ballaststoffe **12 g**
Fett insg. **30 g**	Natrium **204 mg**	Zucker **33 g**
ges. Fetts. **5 g**	Kohlenhydrate **50 g**	Protein **14 g**

Die **ZUTATEN**

50 g Haferflocken
35 g Kürbiskerne
1 Prise gemahlener Zimt
1 ½ TL Honig
40 g Grünkohl, dicke Stiele entfernt, Blätter grob gehackt
30 g Spinatblätter
1 Orange, filetiert
1 Stück frischer Ingwer (2,5 cm), grob gehackt
½ Avocado
320 ml Mandelmilch
1 TL Açaipulver
2 TL Leinsamen
6–8 Blaubeeren
1 TL Gojibeeren

Die **ZUBEREITUNG**

1 Den Backofen bei Ober-/Unterhitze auf 200 °C vorheizen. Haferflocken, Kürbiskerne, Zimt und 1 TL Honig in einer ofenfesten Form mischen. 10–15 Minuten rösten, bis das Müsli goldgelb und knusprig ist. Beiseitestellen. (Ergibt 2 Portionen. Eine Hälfte des abgekühlten Müslis luftdicht verpacken. So hält es sich 3 Tage.)

2 Grünkohl, Spinat, Orange, Ingwer und Avocado in einem Mixer pürieren. Die Mandelmilch zugießen und untermixen. Açaipulver, Leinsamen und restlichen Honig hinzufügen und mixen, bis der Smoothie eine glatte Konsistenz hat. Sollte er zu dick sein, etwas Wasser untermixen. (Ist der Smoothie nicht fest genug, 15 Minuten ins Gefrierfach stellen.)

3 Den Smoothie in eine Servier-Bowl füllen, das Müsli darauf geben und mit Beeren bestreuen.

Die **ZUSAMMENSTELLUNG**

Beginnen mit Grünkohl-Orangen-Smoothie

Weiter mit Hafer-Kürbiskern-Müsli

Zum Schluss Blau- und Gojibeeren

UNTER **600** KCAL

LF

Hafer-Zimt-Porridge
mit Birne & Mandeln

Zubereitung 5 MIN. Garzeit 10 MIN.

Mandeln sind eine köstliche Ergänzung zu Birnen; Zimt sorgt für ein wohlig-warmes Bauchgefühl.

Kalorien **553**	Cholesterin **0 mg**	Ballaststoffe **9 g**
Fett insg. **22 g**	Natrium **255 mg**	Zucker **29 g**
ges. Fetts. **2 g**	Kohlenhydrate **70 g**	Protein **15 g**

Die **ZUTATEN**

50 g Haferflocken

500 ml Mandelmilch

1 Prise gemahlener Zimt + etwas zum Anrichten

1 TL Honig

½ Birne, entkernt, in Scheiben geschnitten

8 Mandeln

Die **ZUBEREITUNG**

1 Die Haferflocken in einen Topf geben, die Mandelmilch zugießen, dann Zimt und Honig einrühren. Kurz aufkochen, anschließend bei schwacher Hitze sanft köcheln lassen. Unter gelegentlichem Rühren den Porridge 5–7 Minuten köcheln lassen, bis er eindickt und cremig ist. 1–2 Minuten abkühlen lassen.

2 Den Porridge in eine Servier-Bowl füllen. Birne und Mandeln darauf anrichten und das Ganze mit etwas Zimt bestäuben.

Die **ZUSAMMENSTELLUNG**

Beginnen mit Hafer-Zimt-Porridge

Weiter mit Birne und Mandeln

Zum Schluss Zimt

LF

UNTER 400 KCAL

Buchweizen-Açai-Porridge mit Feige

Zubereitung 5 MIN. Garzeit 20 MIN.

Dieser Porridge enthält zwei Superfoods – Buchweizen und Açai. Süßere Zutaten verfeinern das Ganze.

Kalorien **400**	Cholesterin **0 mg**	Ballaststoffe **2 g**
Fett insg. **9 g**	Natrium **253 mg**	Zucker **21 g**
ges. Fetts. **1 g**	Kohlenhydrate **70 g**	Protein **9 g**

Die **ZUTATEN**

90 g Buchweizen

500 ml Mandelmilch

1 TL Honig

1 TL Açaipulver

1 TL Kürbiskerne

1 kleine Feige, halbiert

Die **ZUBEREITUNG**

1 Den Buchweizen in einen Topf geben, Mandelmilch und Honig einrühren. Zum Kochen bringen, anschließend bei schwacher Hitze und gelegentlichem Rühren 15–20 Minuten sanft köcheln lassen, bis der Buchweizen weich ist. Das Açaipulver einrühren, den Topf vom Herd nehmen und den Porridge 1 Minute abkühlen lassen.

2 Den Porridge in eine Servier-Bowl füllen. Mit den Kürbiskernen bestreuen und die Feigenhälften darauflegen.

Die **ZUSAMMENSTELLUNG**

Beginnen mit
Buchweizen-Açai-Porridge

Weiter mit
Kürbiskernen

Zum Schluss
Feige

UNTER **600** KCAL

Matcha-Bananen-Smoothie
mit Mandeln

Zubereitung 15 MIN.

Da steckt nur Gutes drin: ein Smoothie, angerichtet mit Obst, Nüssen und Samen …

Kalorien **450**	Cholesterin **0,1 mg**	Ballaststoffe **5 g**
Fett insg. **21 g**	Natrium **89 mg**	Zucker **27 g**
ges. Fetts. **2 g**	Kohlenhydrate **49 g**	Protein **14 g**

Die ZUTATEN

1 TL grünes Matcha-Teepulver

120 ml Mandelmilch

2 EL Haferflocken

½ Banane

1 TL Honig

2 TL griechischer Joghurt (0,2 % Fett)

2 Erdbeeren, entstielt, in Scheiben geschnitten

Kerne von 1 Passionsfrucht

1 TL Leinsamen

25 g blanchierte Mandeln, gehackt

Die ZUBEREITUNG

1 Das Matchapulver mit 1 EL leicht abgekühltem, kochendem Wasser in einer Tasse verrühren. Mandelmilch und Haferflocken in einem Mixer vermengen. Matcha, Banane, Honig und Joghurt hinzufügen und die Zutaten untermixen. (Sollte der Smoothie nicht fest genug sein, 15 Minuten ins Gefrierfach stellen.)

2 Den Smoothie in eine Servier-Bowl füllen. Mit Erdbeeren, Passionsfruchtkernen, Leinsamen und Mandeln garnieren.

Die ZUSAMMENSTELLUNG

Beginnen mit Matcha-Bananen-Smoothie

Weiter mit Erdbeere und Passionsfrucht

Zum Schluss Leinsamen und Mandeln

LF V

UNTER **400** KCAL

Hafer-Orangen-Smoothie
mit Möhre & Mandeln

Zubereitung 10 MIN.

Leuchtende Farben, voller Geschmack: Diese Bowl bringt sie mit ihren Nährstoffen gut in den Tag.

Kalorien **323**	Cholesterin **0 mg**	Ballaststoffe **10 g**
Fett insg. **9 g**	Natrium **158 mg**	Zucker **36 g**
ges. Fetts. **1 g**	Kohlenhydrate **48 g**	Protein **7 g**

Die ZUTATEN

1 EL Haferflocken

1 Orange, filetiert

1 Möhre, grob geschnitten

240 ml Mandelmilch

2 Datteln, grob gehackt

1 TL Mandelblättchen

1 TL Chiasamen

gemahlener Zimt

1 TL Granatapfelkerne

Die ZUBEREITUNG

1 Haferflocken, Orange, Möhre, Mandelmilch und Datteln in einem Mixer glatt pürieren. (Ist der Smoothie nicht fest genug, 15 Minuten ins Gefrierfach stellen.)

2 Den Smoothie in eine Servier-Bowl füllen, Mandelblättchen und Chiasamen daraufgeben, mit Zimt bestäuben und mit Granatapfelkernen bestreuen.

Die ZUSAMMENSTELLUNG

Beginnen mit Hafer-Orangen-Smoothie

Weiter mit Mandelblättchen und Chiasamen

Zum Schluss Zimt und Granatapfelkerne

UNTER **600** KCAL

LF

Hafer-Açai-Porridge
mit Brombeeren & Hanfsamen

Zubereitung 5 MIN. Garzeit 15 MIN.

In dieser Bowl stecken viele Antioxidanzien, vor allem im Açaipulver und in den Brombeeren. Köstlich!

Kalorien **469**	Cholesterin **0 mg**	Ballaststoffe **8 g**
Fett insg. **14 g**	Natrium **301 mg**	Zucker **27 g**
ges. Fetts. **1,5 g**	Kohlenhydrate **64 g**	Protein **16 g**

Die ZUTATEN

50 g Haferflocken
240 ml Mandelmilch
1 Prise Meersalz
1 TL Açaipulver
1 Prise frisch geriebene Muskatnuss
8 Brombeeren
1 TL gemahlene Hanfsamen
½ TL Honig

Die ZUBEREITUNG

1 Die Haferflocken in einen Topf geben, mit der Mandelmilch auffüllen. Salz, Açaipulver und Muskat dazugeben. Zum Kochen bringen, anschließend bei schwacher Hitze unter gelegentlichem Rühren 10–15 Minuten sanft köcheln lassen, bis der Porridge dick und cremig ist. 1 Minute abkühlen lassen.

2 Den Porridge in eine Servier-Bowl füllen. Mit Brombeeren und Hanfsamen garnieren, zum Schluss mit dem Honig beträufeln.

Die ZUSAMMENSTELLUNG

Beginnen mit Hafer-Açai-Porridge

Weiter mit Brombeeren und Hanfsamen

Zum Schluss Honig

LF V UNTER **400** KCAL

Dattel-Schokoladen-Smoothie
mit Chiasamen

Zubereitung **5 MIN.**

Der Kakao gibt dem süßen Smoothie eine herbe Note, Aprikosen steuern viele Ballaststoffe bei.

Kalorien **350**	Cholesterin **0 mg**	Ballaststoffe **8 g**
Fett insg. **6,5 g**	Natrium **140 mg**	Zucker **46 g**
ges. Fetts. **1 g**	Kohlenhydrate **62 g**	Protein **7 g**

Die ZUTATEN

5 Datteln, entsteint

75 g Haferflocken

½ TL Kakaopulver

240 ml Mandelmilch

3 getrocknete Aprikosen, grob gehackt

1 TL Chiasamen

Die ZUBEREITUNG

1 Datteln, Haferflocken, Kakao und Mandelmilch in einem Mixer verrühren, bis sich die Zutaten gut verbunden haben. (Ist der Smoothie nicht fest genug, 15 Minuten ins Gefrierfach stellen.)

2 Den Smoothie in eine Servier-Bowl füllen, mit Aprikosen und Chiasamen garnieren.

Die ZUSAMMENSTELLUNG

Beginnen mit Dattel-Schokoladen-Smoothie

Weiter mit Aprikosen

Zum Schluss Chiasamen

Wochenend-brunch

Diese Bowls sind gesünder als die klassischen Gerichte für den Brunch, ohne auf den Hüften zu landen oder an Geschmack einzubüßen.

UNTER 600 KCAL

LF GF

Reis & geräucherter Schellfisch
mit Ananas-Salsa

Zubereitung 15 MIN. Garzeit 20 MIN.

Die süße Salsa bildet einen herrlichen Kontrast zum geräucherten Fisch und zum Spinat.

Kalorien **482**	Cholesterin **74 mg**	Ballaststoffe **6 g**
Fett insg. **6 g**	Natrium **679 mg**	Zucker **10 g**
ges. Fetts. **3,5 g**	Kohlenhydrate **70 g**	Protein **35 g**

Die ZUTATEN

60 g Basmatireis

4 EL fettreduzierte Kokosmilch

Meersalz und frisch gemahlener schwarzer Pfeffer

70 g ungefärbter geräucherter Schellfisch

1 Prise Currypulver (nach Belieben)

15 g Babyspinatblätter

1 Frühlingszwiebel (nur der grüne Teil), in feine Ringe geschnitten

¼ rote Chilischote, entkernt, in feine Ringe geschnitten

Für die Salsa

35 g Ananas, gewürfelt

1 Prise Schwarzkümmelsamen

1 Handvoll Korianderblätter, fein gehackt

Die ZUBEREITUNG

1. Den Basmatireis in einen Topf geben, Kokosmilch und 4 EL Wasser dazugeben und mit 1 Prise Meersalz würzen. Mit Deckel 10–13 Minuten kochen, bis die Flüssigkeit absorbiert und der Reis weich ist. Abgedeckt beiseitestellen.

2. Den Schellfisch in einer Pfanne mit kaltem Wasser bedecken. Nach Belieben das Currypulver hinzufügen. Kurz aufkochen, anschließend bei schwacher Hitze zugedeckt 5–6 Minuten sanft köcheln lassen. Dann sollte der Fisch gar sein. Den Fisch vorsichtig mit einem Pfannenheber herausnehmen und beiseitelegen.

3. In der Zwischenzeit den Spinat über kochendem Wasser dämpfen, bis die Blätter in sich zusammenfallen.

4. Für die Salsa Ananas, Schwarzkümmelsamen und Koriander mischen, mit Salz und Pfeffer würzen.

5. Den Reis mit einer Gabel auflockern und in eine Servier-Bowl füllen. Schellfisch und Spinat darauf anrichten. Die Salsa dazugeben, dann mit Frühlingszwiebelgrün und Chilischote bestreuen.

Die ZUSAMMENSTELLUNG

Beginnen mit Reis, Schellfisch und Spinatblättern

Weiter mit Ananas-Salsa

Zum Schluss Frühlingszwiebel und Chilischote

LF GF

UNTER **600** KCAL

Paprika-Mais-Küchlein
mit Avocado & Datteln

Zubereitung 15 MIN. Garzeit 10 MIN.

Diese Buchweizenküchlein sind im Nu fertig; sie passen gut zu cremiger Avocado und süßen Datteln.

Kalorien **487**	Cholesterin **214 mg**	Ballaststoffe **8 g**
Fett insg. **32 g**	Natrium **113 mg**	Zucker **17 g**
ges. Fetts. **6 g**	Kohlenhydrate **32 g**	Protein **13 g**

Die ZUTATEN

2 EL Zuckermais

60 g rote Paprikaschote, entkernt, fein gewürfelt

2 EL Buchweizenmehl oder ein anderes glutenfreies Mehl

1 Prise Chiliflocken

einige Korianderblätter, gehackt

1 Ei, leicht verquirlt

1 EL Mandelmilch

Meersalz und frisch gemahlener schwarzer Pfeffer

2 Tomaten

1 EL Olivenöl

½ Avocado

2 Datteln, entsteint, klein geschnitten

1 Handvoll glatte Petersilie (nach Belieben)

Limettenspalten (nach Belieben)

Die ZUBEREITUNG

1. Mais, rote Paprikaschote, Buchweizenmehl, Chiliflocken, Korianderblätter, Ei und Mandelmilch in einer Schüssel verrühren. Mit Salz und Pfeffer würzen und beiseitestellen.

2. Die Tomaten am Boden kreuzweise einschneiden und 20 Sekunden in eine Schüssel mit kochendem Wasser legen. Herausnehmen, in kaltem Wasser abschrecken, häuten, grob würfeln und beiseitestellen.

3. Das Olivenöl bei mittlerer Temperatur in einer Pfanne erhitzen, die Pfanne leicht schwenken, damit das Öl sich gleichmäßig verteilt. Für 4 Küchlein jeweils 1 EL Teig hineingeben. Die Unterseite in etwa 3 Minuten goldgelb backen, dann die Küchlein mit einem Pfannenheber vorsichtig wenden und weitere 3 Minuten backen, bis auch die andere Seite goldgelb ist.

4. Die Küchlein in einer Servier-Bowl anrichten, die Tomaten hinzufügen. Die Avocado schälen, in Spalten schneiden und darauflegen, dann die Datteln zugeben. Nach Belieben mit Petersilie bestreuen und mit Limettenstücken zum Beträufeln anrichten.

Die ZUSAMMENSTELLUNG

Beginnen mit Paprika-Mais-Küchlein

Weiter mit Tomaten, Avocado und Datteln

Zum Schluss glatte Petersilie und Limette

UNTER **600** KCAL

LF GF

Süßkartoffelrösti mit Bohnensprossen

Zubereitung 15 MIN. Backzeit 25 MIN.

Diese reichhaltige Bowl verleiht Energie, die nur langsam verbrennt – genau das Richtige für den Morgen.

Kalorien **430**	Cholesterin **213 mg**	Ballaststoffe **11 g**
Fett insg. **12 g**	Natrium **253 mg**	Zucker **16 g**
ges. Fetts. **2,5 g**	Kohlenhydrate **59 g**	Protein **16 g**

Die ZUTATEN

1 Süßkartoffel, gerieben

2 Frühlingszwiebeln, fein gehackt

fein geriebene Schale von ½ Bio-Zitrone

1 Prise Chiliflocken

Meersalz und frisch gemahlener schwarzer Pfeffer

1 Ei, leicht verquirlt

1 EL Reismehl oder ein anderes glutenfreies Mehl

1 TL gemahlene Leinsamen

½ TL Olivenöl

¼ rote Zwiebel, in Ringe geschnitten

1 TL Reisessig

1 TL Schnittlauchröllchen

100 g Bohnensprossen

1 Handvoll Brunnenkresse

einige Basilikumblätter (nach Belieben)

Für das Dressing

1 TL natives Olivenöl extra

½ TL Weißweinessig

½ TL Dijonsenf

Die ZUBEREITUNG

1 Den Backofen bei Ober-/Unterhitze auf 200 °C vorheizen. Süßkartoffel, Frühlingszwiebeln, Zitronenschale und Chiliflocken in einer Schüssel mischen, mit Salz und Pfeffer würzen. Ei, Reismehl und Leinsamen unterrühren. Die Hälfte der Masse zu einer Kugel formen und flach drücken. Mit der zweiten Hälfte ebenso verfahren.

2 Ein Backblech mit dem Olivenöl bestreichen und die Rösti darauflegen. 10–15 Minuten backen, dann wenden und weitere 10 Minuten von der anderen Seite backen, bis die Rösti von beiden Seiten goldbraun sind.

3 In der Zwischenzeit für das Dressing natives Olivenöl extra, Weißweinessig und Dijonsenf in einer Schüssel verrühren, mit Salz und Pfeffer abschmecken. Beiseitestellen.

4 Rote Zwiebel, Reisessig und Schnittlauch in einer Schüssel verrühren.

5 Die Rösti in einer Servier-Bowl anrichten, dann Zwiebelmischung, Bohnensprossen und Brunnenkresse daraufgeben. Das Dressing darüberträufeln und nach Belieben mit Basilikum bestreuen.

Die ZUSAMMENSTELLUNG

Beginnen mit Süßkartoffelrösti

Weiter mit roter Zwiebel, Bohnensprossen, Brunnenkresse

Zum Schluss Dijondressing und Basilikum

LF GF UNTER **600** KCAL

Geröstete Sardinen & Tomaten
mit Avocado & Apfel

Zubereitung **5 MIN.** Backzeit **20 MIN.**

Sardinen liefern Vitamin B12 und Omega-3-Fettsäuren, mit Tomaten und Spinat schmecken sie großartig.

Kalorien **410**	Cholesterin **244 mg**	Ballaststoffe **6 g**
Fett insg. **30 g**	Natrium **199 mg**	Zucker **8 g**
ges. Fetts. **7 g**	Kohlenhydrate **9 g**	Protein **24 g**

Die **ZUTATEN**

1 TL Olivenöl

3 Sardinenfilets (à 40 g)

Meersalz und frisch gemahlener schwarzer Pfeffer

6 Cherrytomaten

1 Ei

60 g Babyspinatblätter

1/2 Avocado

1/2 säuerlicher Apfel, entkernt, in dünne Scheiben geschnitten

Saft von 1/2 Zitrone

1 Prise Sesamsamen

1 Prise Schnittlauchröllchen

Die **ZUBEREITUNG**

1 Den Backofen bei Ober-/Unterhitze auf 200 °C vorheizen. Einen Bräter mit ½ TL Olivenöl einfetten, die Sardinen hineinlegen und mit Salz und Pfeffer würzen. Die Cherrytomaten mit dem restlichen Öl mischen und zu den Sardinen in den Bräter geben. Nochmals mit Salz und Pfeffer würzen. 10–15 Minuten backen, bis die Sardinen gar sind und eine schöne goldbraune Farbe haben. Beiseitestellen.

2 In der Zwischenzeit das Ei in einen Topf mit kaltem Wasser geben. Aufkochen und 5 Minuten kochen lassen, abgießen und mit kaltem Wasser abschrecken. Das abgekühlte Ei pellen und halbieren.

3 Den Spinat über kochendem Wasser 1 Minute dämpfen, bis die Blätter in sich zusammenfallen.

4 Die Avocado in mundgerechte Stücke schneiden, in einer Schüssel mit Salz und Pfeffer würzen. Apfel und Zitronensaft unterrühren.

5 Tomaten und Sardinen in einer Servier-Bowl anrichten, das Ei dazugeben. Spinat- und Avocadomischung daraufgeben, mit Sesam und Schnittlauch bestreuen.

Die **ZUSAMMENSTELLUNG**

Beginnen mit Tomaten und Sardinen

Weiter mit Ei, Spinat, Avocado und Apfel

Zum Schluss Sesam und Schnittlauch

UNTER **400** KCAL

LF GF V

Süßkartoffel-Kohl-Pfanne mit Dukkah

Zubereitung 15 MIN. Garzeit 25 MIN.

Eine Prise Dukkah und etwas Zitronenschale rücken die Aromen dieses gesunden Frühstücks ins rechte Licht.

Kalorien **310**	Cholesterin **0 mg**	Ballaststoffe **14 g**
Fett insg. **4 g**	Natrium **105 mg**	Zucker **21,5 g**
ges. Fetts. **0,7 g**	Kohlenhydrate **55 g**	Protein **6 g**

Die ZUTATEN

200 g Süßkartoffel, gewürfelt

Meersalz und frisch gemahlener schwarzer Pfeffer

30 g Weißkohl, geraspelt

1 TL Olivenöl

1 Stück frischer Ingwer (2,5 cm), fein gehackt

1 Knoblauchzehe, fein gehackt

2 TL Dukkah (nordafr. Gewürzmischung)

fein geriebene Schale von ½ Bio-Zitrone

¼ rote Zwiebel, fein gehackt

¼ rote Chilischote, entkernt, klein geschnitten

1 Frühlingszwiebel (nur der grüne Teil), in feine Scheiben geschnitten

Zitronenspalten (nach Belieben)

Die ZUBEREITUNG

1 Die Süßkartoffel in einem Topf mit Salzwasser zum Kochen bringen und in 10–15 Minuten weich kochen. Abseihen und beiseitestellen.

2 In der Zwischenzeit den Kohl über kochendem Wasser 5 Minuten dämpfen, bis er knapp weich ist, also noch etwas Biss hat.

3 Das Olivenöl bei mittlerer Temperatur in einer Pfanne erhitzen. Ingwer und Knoblauch einige Sekunden darin anbraten, aufpassen, dass nichts anbrennt. Das Dukkah einrühren. Süßkartoffel und Kohl zugeben und gut unterheben, mit Salz und Pfeffer würzen. 6–8 Minuten weiterbraten, ab und zu umrühren. Zitronenschale und rote Zwiebel unterrühren.

4 Das Ganze in eine Servier-Bowl füllen, mit roter Chilischote und Frühlingszwiebel bestreuen, nach Belieben Zitronenspalten zum Beträufeln dazu anrichten.

Die ZUSAMMENSTELLUNG

Beginnen mit Süßkartoffel und Kohl

Weiter mit roter Chilischote und Frühlingszwiebel

Zum Schluss Zitronenspalten

LF GF V

UNTER 600 KCAL

Rote Linsen & Cherrytomaten mit Spinat

Zubereitung 5 MIN. Garzeit 15 MIN.

Diese Bowl ist eine sättigende Brunchmahlzeit, die durch herzhafte Linsen und Chiliflocken »belebt« wird.

Kalorien **479**	Cholesterin **0 mg**	Ballaststoffe **12 g**
Fett insg. **20 g**	Natrium **124 mg**	Zucker **8 g**
ges. Fetts. **4 g**	Kohlenhydrate **48 g**	Protein **22 g**

Die ZUTATEN

1 TL Berberitzenbeeren

70 g rote Linsen, gewaschen

Meersalz und frisch gemahlener schwarzer Pfeffer

1 Prise Chiliflocken

50 g Cherrytomaten, halbiert

1 Prise Sumach

1 TL Olivenöl

70 g Babyspinatblätter

½ Avocado

1 Prise gehackte glatte Petersilie (nach Belieben)

Die ZUBEREITUNG

1. Die Berberitzenbeeren in eine Tasse geben, mit kaltem Wasser bedecken und 10 Minuten einweichen. Anschließend abgießen.

2. Die roten Linsen mit 160 ml Wasser und etwas Salz und Pfeffer in einen Topf geben und zum Kochen bringen. Bei schwacher Hitze die Linsen 10 Minuten köcheln lassen, bis sie weich sind. Fehlt Wasser, etwas heißes Wasser zugeben. Den Topf vom Herd nehmen und die Chiliflocken einrühren.

3. In der Zwischenzeit eine Grillpfanne bei mittlerer Temperatur erhitzen. Die Tomaten mit Sumach und Olivenöl in einer Schüssel mischen und mit Salz und Pfeffer würzen. Das Ganze in die Pfanne geben und 3–4 Minuten darin anbraten, nach der Hälfte der Zeit wenden. Zum Schluss sollten die Tomaten von beiden Seiten karamellisiert sein.

4. Den Spinat in einem Topf kurz zusammenfallen lassen, in einem Sieb abtropfen lassen. Die restliche Flüssigkeit mit einem Löffelrücken herausdrücken.

5. Die Linsen in eine Servier-Bowl füllen, Tomatenmischung und Spinat daraufgeben. Die Avocado in mundgerechte Stücke schneiden und mit den Berberitzenbeeren darauf anrichten. Mit Petersilie (nach Belieben) und Pfeffer bestreuen.

Die ZUSAMMENSTELLUNG

Beginnen mit roten Linsen

Weiter mit Tomaten, Spinat und Avocado

Zum Schluss Berberitzen, Petersilie und schwarzer Pfeffer

UNTER **600** KCAL

GF

Quinoa & Süßkartoffeln
mit Joghurt & Beeren

Zubereitung 10 MIN. Backzeit 20 MIN.

Getrocknete Beeren und Granatapfelkerne verleihen dem Joghurt das gewisse Etwas sowie Süße.

Kalorien **453**	Cholesterin **0 mg**	Ballaststoffe **12 g**
Fett insg. **6,5 g**	Natrium **148 mg**	Zucker **24,5 g**
ges. Fetts. **1 g**	Kohlenhydrate **78 g**	Protein **15 g**

Die ZUTATEN

1 TL Berberitzenbeeren

1 TL Gojibeeren

1 Süßkartoffel, gewürfelt

1 TL Olivenöl

1 Prise Sumach

Meersalz und frisch gemahlener schwarzer Pfeffer

60 g Babyspinatblätter

100 g Quinoa

1 Tomate, entkernt, fein gewürfelt

2 EL griechischer Joghurt (0,2 % Fett)

1 TL Kürbiskerne

1 TL Granatapfelkerne

einige Korianderblätter

Die ZUBEREITUNG

1. Berberitzen- und Gojibeeren jeweils in einer Tasse mit kaltem Wasser 10 Minuten einweichen. Anschließend abseihen.

2. In der Zwischenzeit den Backofen bei Ober-/Unterhitze auf 200 °C vorheizen. Die Süßkartoffel mit Olivenöl und Sumach vermengen, in eine ofenfeste Form geben und mit Salz und Pfeffer würzen. 15–20 Minuten im Ofen backen, bis die Süßkartoffel weich ist und eine goldbraune Farbe hat. Aus dem Ofen nehmen, den Spinat unterheben und beiseitestellen.

3. Die Quinoa mit 240 ml Wasser in einen Topf geben. Aufkochen, dann bei schwacher Hitze mit Deckel 15–20 Minuten köcheln lassen. Den Topf vom Herd nehmen.

4. Die Quinoa in eine Servier-Bowl füllen. Die Süßkartoffel-Spinat-Mischung dazugeben, Tomate und Joghurt darauf anrichten. Mit Berberitzen, Gojibeeren, Kürbiskernen und Granatapfelkernen bestreuen, zum Schluss mit Koriander garnieren.

Die ZUSAMMENSTELLUNG

Beginnen mit Quinoa und Süßkartoffel-Spinat-Mischung

Weiter mit Berberitzen, Gojibeeren, Kürbiskernen und Granatapfelkernen

Zum Schluss Korianderblätter

LF GF UNTER 400 KCAL

Schellfisch & Nudeln
mit Chili-Salsa

Zubereitung 10 MIN. Backzeit 20 MIN.

Diese Wochenend-Bowl ist asiatisch angehaucht, und die Salsa verleiht ihr die nötige Würze.

Kalorien **387**	Cholesterin **54 mg**	Ballaststoffe **10 g**
Fett insg. **2 g**	Natrium **108 mg**	Zucker **14 g**
ges. Fetts. **0,7 g**	Kohlenhydrate **57 g**	Protein **31 g**

Die **ZUTATEN**

110 g Schellfisch (ohne Haut)

Meersalz und frisch gemahlener schwarzer Pfeffer

75 g dünne Reisnudeln

1 TL Olivenöl

½ rote Zwiebel, in feine Scheiben geschnitten

1 TL Tamarindenpaste

1 große Möhre, in dünne Streifen geschnitten

75 g Erbsen

einige Korianderblätter

Für die Salsa

½ rote Chilischote, entkernt, fein gehackt

1 Tomate, entkernt, fein gehackt

1 TL Reisessig

Die **ZUBEREITUNG**

1 Den Backofen bei Ober-/Unterhitze auf 190 °C vorheizen. Den Schellfisch in eine ofenfeste Form legen, mit Salz und Pfeffer würzen und die Form mit Alufolie abdecken. Im Backofen 12–15 Minuten backen, bis der Fisch gar ist. Beiseitestellen.

2 In der Zwischenzeit die Reisnudeln in einer Schüssel mit kochendem Wasser übergießen. 5 Minuten ziehen lassen (oder nach Packungsangabe), dann abseihen.

3 Für die Salsa die rote Chilischote mit Tomate und Reisessig in einer Schüssel mischen, mit Salz und Pfeffer abschmecken.

4 Das Olivenöl bei mittlerer Temperatur in einem Wok oder in einer Pfanne erhitzen. Die rote Zwiebel darin 3 Minuten anbraten, Tamarindenpaste und 2 TL Wasser einrühren. Die Nudeln zugeben und die Zutaten gut mischen. Möhre und Erbsen zufügen und die Zutaten noch einmal gründlich vermengen.

5 Das Ganze in einer Servier-Bowl anrichten, den Fisch dazugeben, dann die Salsa darüberträufeln und die Bowl mit Koriander bestreuen.

Die **ZUSAMMENSTELLUNG**

Beginnen mit Reisnudelmischung

Weiter mit gebackenem Schellfisch

Zum Schluss Chili-Salsa und Korianderblätter

UNTER **400** KCAL

LF GF

Makrele & Curryreis
mit weich gekochtem Ei

Zubereitung 10 MIN. Garzeit 30 MIN.

Dieses anglo-indische Fischgericht ist eine Neuinterpretation des Kedgerees und ideal für den Brunch.

Kalorien **357**	Cholesterin **220 mg**	Ballaststoffe **8 g**
Fett insg. **9 g**	Natrium **142 mg**	Zucker **8 g**
ges. Fetts. **2 g**	Kohlenhydrate **48 g**	Protein **17 g**

Die ZUTATEN

45 g Instant-Naturreis

2 TL Currypulver

Meersalz und frisch gemahlener schwarzer Pfeffer

2 Tomaten, entkernt, gehackt

1 TL Reisessig

2 EL Erbsen (TK, aufgetaut)

1 Handvoll glatte Petersilie, fein gehackt

60 g geräucherte Makrele (ohne Haut), grob zerkleinert

1 Ei

¼ grüne Chilischote, entlernt, in feine Ringe geschnitten (nach Belieben)

einige Korianderblätter (nach Belieben)

Zitronenspalte (nach Belieben)

Die ZUBEREITUNG

1 Reis, Currypulver und 120 ml Wasser mit Salz und Pfeffer in einen Topf geben. Zugedeckt 20–30 Minuten kochen, bis der Reis gar ist und das Wasser vollständig absorbiert hat. Mit Deckel beiseitestellen.

2 In der Zwischenzeit Tomaten und Reisessig in einer Schüssel mischen, mit Salz und Pfeffer würzen und beiseitestellen.

3 Die Hälfte der Erbsen und die glatte Petersilie zum Reis geben und gut unterrühren.

4 Das Ei in einen Topf mit kaltem Wasser geben und aufkochen. 5 Minuten kochen lassen, abgießen und mit kaltem Wasser abschrecken. Das abgekühlte Ei pellen und halbieren.

5 Den Curryreis in eine Servier-Bowl füllen, dann die Makrele, die restlichen Erbsen, das Ei und die Tomaten hinzufügen. Nach Belieben mit grüner Chilischote und Koriander bestreuen und mit Zitrone zum Beträufeln anrichten.

Die ZUSAMMENSTELLUNG

Beginnen mit Curryreismischung

Weiter mit Makrele, Erbsen, Ei und Tomaten

Zum Schluss grüne Chilischote, Korianderblätter und Zitronenspalte

LF GF V

UNTER **300** KCAL

Misosuppe
mit Tofu & Meeresalgen

Zubereitung **10 MIN.** Garzeit **10 MIN.**

Wakame, essbare Algen, schmecken gut, sind nährstoffreich und sehr kalorienarm.

Kalorien **116**	Cholesterin **0 mg**	Ballaststoffe **8 g**
Fett insg. **4 g**	Natrium **413 mg**	Zucker **6 g**
ges. Fetts. **0,5 g**	Kohlenhydrate **7 g**	Protein **9 g**

Die **ZUTATEN**

2 Stücke getrocknete Wakame-Algen

10 g Babyspinatblätter

10 g Weißkohl, geraspelt

1 EL Naturreis-Miso

1 Stück frischer Ingwer (5 cm), die Hälfte gerieben, der Rest in Scheiben geschnitten

45 g fester Tofu, gewürfelt

Meersalz und frisch gemahlener schwarzer Pfeffer

Saft von 1 Zitrone

½ Frühlingszwiebel, in feine Ringe geschnitten

¼ rote Chilischote, entkernt, in feine Streifen geschnitten

Die **ZUBEREITUNG**

1 Die Wakame in eine Schüssel legen und mit heißem Wasser begießen. 10 Minuten einweichen, dann abgießen und in dünne Streifen schneiden.

2 In der Zwischenzeit Spinat und Kohl über kochendem Wasser 3 Minuten dämpfen.

3 In einen Topf 240 ml kochendes Wasser geben, die Misopaste mit einer Gabel 2 Minuten einrühren, bis sie sich aufgelöst hat. Zum Kochen bringen, dann 1 weitere Minute sanft köcheln lassen.

4 Ingwer und Tofu in den Topf geben. Langsam bis zu 120 ml kochendes Wasser hinzugießen, zwischendurch abschmecken und darauf achten, das Miso nicht zu stark zu verdünnen. Mit Salz und Pfeffer abschmecken und weitere 5 Minuten köcheln lassen.

5 Spinat, Kohl und Wakame in eine Servier-Bowl füllen, dann Misobrühe und Tofu daraufgeben. 1 Spritzer Zitronensaft dazugeben. Mit Ingwerscheiben, Frühlingszwiebel und roter Chilischote garnieren.

Die **ZUSAMMENSTELLUNG**

Beginnen mit
Wakame, Spinat und Kohl

Weiter mit
Misobrühe, Tofu und Zitronensaft

Zum Schluss
Ingwer, Frühlingszwiebel und rote Chilischote

UNTER **600** KCAL   LF   GF

Garnelen-Pancakes
mit Chilisauce

Zubereitung **10 MIN.**   Garzeit **10 MIN.**

Die Pancakes sind ein Grundnahrungsmittel in Vietnam. Dort heißen sie »bánh xèo«, brutzelnde Kuchen.

Kalorien **570**	Cholesterin **86 mg**	Ballaststoffe **5,5 g**
Fett insg. **17 g**	Natrium **362 mg**	Zucker **6 g**
ges. Fetts. **9 g**	Kohlenhydrate **83,5 g**	Protein **19 g**

Die ZUTATEN

¼ rote Chilischote, entkernt, in feine Ringe geschnitten

1 TL Reisessig

Meersalz und frisch gemahlener schwarzer Pfeffer

2 TL Olivenöl

100 g Bohnensprossen

140 g gegarte Garnelen

½ rote Paprikaschote, entkernt, klein geschnitten

1 Handvoll Korianderblätter

½ Frühlingszwiebel (nur der grüne Teil), in feine Scheiben geschnitten

Limettenspalten (nach Belieben)

Für den Teig

80 g Reismehl oder ein anderes glutenfreies Mehl

1 TL gemahlene Kurkuma

4 EL fettreduzierte Kokosmilch

1 Frühlingszwiebel, fein gehackt

Die ZUBEREITUNG

1 Rote Chilischote und Reisessig in einer Schüssel mischen und mit Salz und Pfeffer würzen. Beiseitestellen.

2 Für den Teig Reismehl und Kurkuma in einer Schüssel mischen und mit Salz und Pfeffer würzen. Kokosmilch und 240 ml Wasser zugeben und die Zutaten so lange verrühren, bis der Teig eine glatte Konsistenz hat. Die Frühlingszwiebel einrühren. (Reicht für 2 Pfannkuchen. Die zweite Teighälfte hält sich luftdicht verschlossen 2 Tage im Kühlschrank.)

3 Vom Öl 1 TL bei mittlerer Temperatur in einer beschichteten Pfanne erhitzen. Die Hälfte des Teigs in die Pfanne geben, die Pfanne leicht schwenken, damit der Boden gleichmäßig mit Teig bedeckt ist. Etwa 4 Minuten bei starker Hitze von jeder Seite knusprig braten. Dann sollte sich der Pfannkuchen an den Rändern leicht vom Pfannenboden lösen. Mit dem Rest des Teiges ebenso verfahren.

4 Bohnensprossen, Garnelen und rote Paprika auf den Pfannkuchen geben und eine Hälfte überklappen.

5 Mit einem Pfannenheber den Pfannkuchen herausnehmen und in eine Servier-Bowl geben. Mit Korianderblättern und Frühlingszwiebelgrün bestreuen. Die Chilisauce darübergeben und nach Belieben mit Limette zum Beträufeln anrichten.

Die ZUSAMMENSTELLUNG

Beginnen mit gefülltem Pfannkuchen

Weiter mit Koriander und Frühlingszwiebel

Zum Schluss Chilisauce und Limette

LF GF V

UNTER **300** KCAL

Grünkohl-Tofurührei
mit Pilzen

Zubereitung 5 MIN. Garzeit 10 MIN.

Wer braucht Eier, wenn kalorienarmer Seidentofu in dieser Brunch-Bowl reichlich Protein liefert?

Kalorien **204**	Cholesterin **0 mg**	Ballaststoffe **4 g**
Fett insg. **9 g**	Natrium **81 mg**	Zucker **5 g**
ges. Fetts. **1,5 g**	Kohlenhydrate **9 g**	Protein **20 g**

Die ZUTATEN

30 g Grünkohl, grobe Stiele entfernt, Blätter grob gehackt

1 TL Olivenöl

1 Frühlingszwiebel, fein gehackt

60 g Champignons, geviertelt

250 g Seidentofu

Meersalz und frisch gemahlener schwarzer Pfeffer

1 Tomate, entkernt, gehackt

1 Handvoll glatte Petersilie, gehackt + einige ganze Blätter zum Anrichten

Die ZUBEREITUNG

1 Den Kohl 10 Minuten dämpfen, beiseitestellen.

2 In der Zwischenzeit das Olivenöl bei mittlerer Temperatur in einer beschichteten Pfanne erhitzen. Die Frühlingszwiebel darin 1 Minute anbraten. Die Pilze hinzufügen und 2 Minuten weiterbraten, bis die Pilze Farbe angenommen haben.

3 Den Seidentofu in die Pfanne geben und gut einrühren. Mit Salz und Pfeffer würzen und weiterrühren, bis die Mischung die Konsistenz von Rührei hat.

4 Tomate, Petersilie und Kohl unterrühren, mit Salz und Pfeffer abschmecken.

5 Das Tofurührei in eine Servier-Bowl füllen und mit Petersilienblättern bestreuen.

Die ZUSAMMENSTELLUNG

Beginnen mit Tofurührei-Mischung

Weiter mit Tomate und Grünkohl

Zum Schluss glatte Petersilie

UNTER **600** KCAL

GF

Räuchermakrelensalat
mit Harissa-Joghurt

Zubereitung 15 MIN. Garzeit 25 MIN.

Räuchermakrele liefert Protein und Omega-3-Fettsäuren – praktisch, wenn man sie im Kühlschrank hat.

Kalorien **562**	Cholesterin **79 mg**	Ballaststoffe **4 g**
Fett insg. **37 g**	Natrium **1027 mg**	Zucker **11 g**
ges. Fetts. **7 g**	Kohlenhydrate **25 g**	Protein **31 g**

Die ZUTATEN

135 g festkochende Kartoffeln, geschält, halbiert

Meersalz und frisch gemahlener schwarzer Pfeffer

2 Radieschen, in Scheiben geschnitten

2 TL Reisessig

45 g gegarte Rote Bete, gewürfelt

2 TL Olivenöl

2 Frühlingszwiebeln, in feine Ringen geschnitten

¼ grüne Chilischote, entkernt, in feine Ringe geschnitten

125 g geräucherte Makrele (ohne Haut), grob zerkleinert

1 EL gehackter Dill

1 EL Schnittlauchröllchen

Für das Dressing

1 EL griechischer Joghurt (0,2 % Fett)

1 TL Harissa

Saft von ¼ Zitrone

Die ZUBEREITUNG

1. Die Kartoffeln in einen Topf mit Salzwasser geben, aufkochen und zugedeckt in 15 Minuten gar kochen. Abseihen. Sobald sie abgekühlt sind, in Scheiben schneiden und beiseitestellen.

2. Die Radieschen mit 1 TL Reisessig mischen. Die Rote Bete mit dem restlichen Reisessig mischen und salzen. Beides beiseitestellen.

3. Für das Dressing Joghurt, Harissa und Zitronensaft in einer Schüssel verrühren. Mit Salz und Pfeffer abschmecken.

4. Das Olivenöl bei mittlerer Temperatur in einer beschichteten Pfanne erhitzen und die Kartoffelscheiben darin 2 Minuten anbraten. Frühlingszwiebeln und Chilischote zugeben und 5 Minuten unter Rühren weiterbraten, bis die Kartoffeln leicht gebräunt sind. Die Makrele hinzufügen und 3 Minuten mitbraten. Die Hälfte von Dill und Schnittlauch einrühren und alles mit Pfeffer würzen.

5. Die Mischung in eine Servier-Bowl füllen, Radieschen und Rote Bete hinzufügen. Das Joghurtdressing darübergeben, dann mit dem restlichen Dill und den restlichen Schnittlauchröllchen bestreuen.

Die ZUSAMMENSTELLUNG

Beginnen mit Kartoffeln und Makrele

Weiter mit Radieschen, Rote Bete und Joghurtdressing

Zum Schluss Dill und Schnittlauchröllchen

LF GF UNTER **600** KCAL

Regenbogenreis
mit Chilidressing

Zubereitung **15 MIN.** Garzeit **25 MIN.**

Diese Brunch-Bowl liefert reichlich Protein und besticht zudem durch ihre Farbvielfalt.

Kalorien **500**	Cholesterin **214 mg**	Ballaststoffe **13 g**
Fett insg. **23 g**	Natrium **145 mg**	Zucker **12 g**
ges. Fetts. **5 g**	Kohlenhydrate **47 g**	Protein **19 g**

Die **ZUTATEN**

60 g Naturreis

Meersalz und frisch gemahlener schwarzer Pfeffer

6 Cherrytomaten

8 Champignons

1 TL Olivenöl

1 Ei

75 g Erbsen (TK, aufgetaut)

40 g Zuckermais

¼ rote Paprikaschote, entkernt, fein gewürfelt

1 Möhre, gerieben

¼ grüne Chilischote, entkernt, fein gehackt

½ Avocado

1 Frühlingszwiebel (nur der grüne Teil), in feine Ringe geschnitten

einige Kressesprossen (nach Belieben)

Für das Dressing

¼ rote Chilischote, entkernt, fein gehackt

1 TL Reisessig

1 TL Mirin (süßer jap. Reiswein)

Die **ZUBEREITUNG**

1 Den Reis mit 160 ml Wasser und 1 Prise Salz aufkochen. Bei schwacher Hitze zugedeckt 20–25 Minuten köcheln lassen, bis der Reis gar ist und das Wasser vollständig absorbiert hat.

2 In der Zwischenzeit den Backofen bei Ober-/Unterhitze auf 200 °C vorheizen. Tomaten, Pilze und Olivenöl in einer ofenfesten Form mischen, mit Salz und Pfeffer würzen. 10–15 Minuten im Ofen rösten, bis die Pilze gebräunt sind.

3 In der Zwischenzeit das Ei in einem Topf mit kaltem Wasser aufsetzen. Aufkochen und 5 Minuten kochen lassen, abgießen und abschrecken. Das abgekühlte Ei pellen und halbieren.

4 Erbsen, Mais, rote Paprikaschote, Möhre und grüne Chilischote zum Reis geben, mit Salz und Pfeffer abschmecken. Die Zutaten gut vermengen. Beiseitestellen.

5 Für das Dressing rote Chilischote, Reisessig und Mirin in einer Schüssel verrühren. Mit Salz und Pfeffer würzen.

6 Den Regenbogenreis in eine Servier-Bowl füllen, Ei, Tomaten und Pilze zugeben. Die Avocado schälen, in dünne Scheiben schneiden und darauflegen. Mit Frühlingszwiebelgrün und Kresse bestreuen und das Dressing darüberträufeln.

Die **ZUSAMMENSTELLUNG**

Beginnen mit Regenbogenreismischung

Weiter mit Ei, Tomaten, Pilzen und Avocado

Zum Schluss Frühlingszwiebel und Chilidressing

UNTER **300** KCAL   LF   GF

Mexikanische Rührreier
mit Tomaten

Zubereitung 5 MIN. Garzeit 10 MIN.

Rührei schmeckt herrlich, und weil es so sättigt, lässt sich damit gut in den Tag starten. Und Chili macht wach.

Kalorien **276**	Cholesterin **427 mg**	Ballaststoffe **9,5 g**
Fett insg. **15,5 g**	Natrium **226 mg**	Zucker **9 g**
ges. Fetts. **3,5 g**	Kohlenhydrate **10 g**	Protein **19,5 g**

Die ZUTATEN

60 g Babyspinatblätter

1 TL Olivenöl

1 Frühlingszwiebel, fein gehackt

½ rote Chilischote, entkernt, fein gehackt

½ Knoblauchzehe, fein gehackt

Meersalz und frisch gemahlener schwarzer Pfeffer

½ rote Spitzpaprikaschote, in feine Ringe geschnitten

2 Tomaten, entkernt, gehackt

2 Eier, leicht verquirlt

1 kleine Handvoll Korianderblätter

Die ZUBEREITUNG

1. Die Spinatblätter in eine Schüssel geben und mit Frischhaltefolie abdecken. Den Spinat 1 Minute in die Mikrowelle stellen, bis die Blätter in sich zusammenfallen. (Sie können die Blätter auch 1 Minute über kochendem Wasser dämpfen.)

2. Das Olivenöl bei mittlerer bis hoher Temperatur in einer beschichteten Pfanne erhitzen. Frühlingszwiebel und rote Chilischote darin 1 Minute anbraten. Den Knoblauch zugeben, mit Salz und Pfeffer würzen und 1 weitere Minute braten.

3. Paprikaschote und Tomaten in die Pfanne geben und unter Rühren 2 Minuten mitbraten, dann die Temperatur auf mittlere bis schwache Hitze reduzieren.

4. Die Eier in die Pfanne geben und unter Rühren mit den anderen Zutaten mischen. Einige Minuten braten, bis das Ganze zu stocken beginnt.

5. Das Rührei in eine Servier-Bowl füllen, den Spinat daraufgeben und mit den Korianderblättern bestreuen.

Die ZUSAMMENSTELLUNG

Beginnen mit Paprika und Tomaten

Weiter mit Eiern und Spinat

Zum Schluss Korianderblätter

LF

UNTER **400** KCAL

Nasigoreng
mit pochiertem Ei

Zubereitung **10 MIN.** Garzeit **10 MIN.**

Diese Abwandlung des indonesischen Bratreises ist superlecker, vor allem, wenn ein Ei dazukommt.

Kalorien **310**	Cholesterin **213 mg**	Ballaststoffe **5,5 g**
Fett insg. **7,5 g**	Natrium **404 mg**	Zucker **8 g**
ges. Fetts. **1,5 g**	Kohlenhydrate **43 g**	Protein **14 g**

Die **ZUTATEN**

1 TL Olivenöl

½ kleine Zwiebel, fein gehackt

½ Knoblauchzehe, fein gehackt

Meersalz und frisch gemahlener schwarzer Pfeffer

1 kleine Möhre, gerieben

195 g gegarter Naturreis

60 g Babyspinatblätter

1 TL Sojasauce

Saft von ½ Limette

1 Ei

1 Frühlingszwiebel (nur der grüne Teil), in feine Scheiben geschnitten

½ rote Chilischote, entkernt, fein gehackt

Limettenspalten (nach Belieben)

Die **ZUBEREITUNG**

1 Das Olivenöl bei mittlerer bis hoher Temperatur in einer beschichteten Pfanne erhitzen und die Zwiebel darin 1 Minute anbraten. Den Knoblauch zugeben, mit Salz und Pfeffer würzen und 1 weitere Minute braten. Die Möhre unter Rühren 1 Minute mitbraten.

2 Den Naturreis unterrühren, dann die Spinatblätter zugeben und in sich zusammenfallen lassen. Sojasauce und Limettensaft einrühren und 1 Minute weiterbraten.

3 In der Zwischenzeit 500 ml Wasser in einem Topf zum Kochen bringen, dann die Temperatur auf mittlere Hitze reduzieren. Vorsichtig das Ei aufschlagen und ins Wasser geben. 2 Minuten pochieren, bis das Eigelb nicht mehr durchsichtig ist.

4 Die Naturreismischung in eine Servier-Bowl füllen. Mit einem Schaumlöffel das Ei aus dem Topf nehmen und auf den Reis legen. Mit Frühlingszwiebel und roter Chilischcte bestreuen. Nach Belieben Limettenspalten zum Beträufeln dazureichen.

Die **ZUSAMMENSTELLUNG**

Beginnen mit Gemüse und Naturreis

Weiter mit pochiertem Ei

Zum Schluss Frühlingszwiebel und rote Chilischote

Bowls ohne Kochen

Für keine der fantastischen Mahlzeiten in diesem Kapitel müssen Sie sich an den Herd stellen. Sie sind deshalb auch bestens zum Mitnehmen geeignet. So sind Sie nicht gezwungen, auswärts zu essen und Ihren Plan zum Abnehmen zunichtezumachen.

UNTER 300 KCAL

GF

Grüner-Linsen-Salat
mit Feta & eingelegter roter Zwiebel

Zubereitung 15 MIN.

Farbe und Geschmack der roten Zwiebel bilden einen Kontrast zu den pikanten Linsen und dem salzigen Feta.

Kalorien **246**	Cholesterin **28 mg**	Ballaststoffe **7 g**
Fett insg. **11,5 g**	Natrium **635 mg**	Zucker **9 g**
ges. Fetts. **5 g**	Kohlenhydrate **17 g**	Protein **15 g**

Die **ZUTATEN**

100 g gegarte grüne Linsen

2 Tomaten, entkernt, gehackt

einige Basilikumblätter, die Hälfte gehackt, der Rest ganz

Meersalz und frisch gemahlener schwarzer Pfeffer

¼ rote Zwiebel, in feine Ringe geschnitten

1 TL Reisessig

1 TL gehackter Dill

75 g Feta, gewürfelt

1 Handvoll Erbsensprossen

1 EL Granatapfelkerne

Für das Dressing

2 TL griechischer Joghurt (0,2 % Fett)

Saft von ½ Zitrone

Die **ZUBEREITUNG**

1. Grüne Linsen, Tomaten und gehacktes Basilikum in einer Schüssel mischen, mit Salz und Pfeffer würzen.
2. Die rote Zwiebel mit Reisessig und Dill in einer zweiten Schüssel mischen.
3. Für das Dressing griechischen Joghurt und Zitronensaft in einer Schüssel verrühren und mit Salz und Pfeffer abschmecken.
4. Die Linsenmischung in eine Servier-Bowl füllen, die Zwiebelmischung, Feta, Erbsensprossen und Granatapfelkerne darauf anrichten. Das Joghurtdressing darübergeben und mit den ganzen Basilikumblättern bestreuen.

Die **ZUSAMMENSTELLUNG**

Beginnen mit
Linsen- und Zwiebelmischung

Weiter mit
Feta, Erbsensprossen und Granatapfelkernen

Zum Schluss
Joghurtdressing und Basilikumblätter

GF

UNTER **600** KCAL

Quinoa & Kichererbsen
mit Papaya

Zubereitung 15 MIN.

Das indisch inspirierte Gericht, mit Tomate und Papaya kombiniert, ist eine einzigartige Geschmacksexplosion.

Kalorien **521**	Cholesterin **0 mg**	Ballaststoffe **17 g**
Fett insg. **16 g**	Natrium **315 mg**	Zucker **20 g**
ges. Fetts. **2 g**	Kohlenhydrate **67 g**	Protein **18 g**

Die **ZUTATEN**

100 g gegarte rote und weiße Quinoa

1/4 gelbe Paprikaschote, entkernt, in Streifen geschnitten

Meersalz und frisch gemahlener schwarzer Pfeffer

40 g gegarte Kichererbsen

1/4 rote Zwiebel, fein gewürfelt

1/4 rote Chilischote, entkernt, gehackt

1 Stück frischer Ingwer (2,5 cm), gerieben

1 Handvoll Minzeblätter, die Hälfte gehackt, der Rest ganz

1 EL griechischer Joghurt (0,2 % Fett)

2 Tomaten, entkernt, fein gewürfelt

1 Papayascheibe, grob gewürfelt

1 Prise Schwarzkümmelsamen

Für das Dressing

2 TL Olivenöl

1 TL Weißweinessig

1/4 TL Currypulver

1/4 TL Honig

Die **ZUBEREITUNG**

1. Quinoa und gelbe Paprikaschote in einer Schüssel mischen und mit Salz und Pfeffer würzen. Beiseitestellen.
2. Für das Dressing Olivenöl, Weißweinessig, Currypulver und Honig in einer Schüssel verrühren, mit Salz und Pfeffer abschmecken. Beiseitestellen.
3. Die Kichererbsen mit roter Zwiebel, roter Chilischote, Ingwer und die Hälfte der gehackten Minze in einer Schüssel mischen. Das Dressing unterrühren und das Ganze mit Salz und Pfeffer abschmecken.
4. Joghurt und den Rest der gehackten Minze in einer Schüssel verrühren, mit Salz und Pfeffer würzen.
5. Die Quinoamischung in eine Servier-Bowl füllen, dann Kichererbsen, Tomaten und Papaya hinzufügen. Die Joghurtmischung darübergeben, mit Schwarzkümmel und Minzeblättern bestreuen.

Die **ZUSAMMENSTELLUNG**

Beginnen mit
Quinoamischung

Weiter mit
Kichererbsen, Tomaten und Papaya

Zum Schluss
Schwarzkümmel und Minzeblätter

UNTER **400** KCAL

LF

Riesengarnelen & Quinoa
mit Kiwi-Salsa

Zubereitung 10 MIN.

Garnelen enthalten Protein und Zink, Kiwi-Salsa und Sojasaucendressing sorgen für das Geschmackserlebnis.

Kalorien **341**	Cholesterin **86 mg**	Ballaststoffe **3 g**
Fett insg. **12 g**	Natrium **509 mg**	Zucker **12 g**
ges. Fetts. **2 g**	Kohlenhydrate **45 g**	Protein **12 g**

Die ZUTATEN

4 Cherrytomaten, halbiert

1 Handvoll Dillspitzen, fein gehackt

1 Frühlingszwiebel, in feine Ringe geschnitten (grüner und weißer Teil getrennt)

Meersalz und frisch gemahlener schwarzer Pfeffer

90 g gegarte Quinoa

70 g gegarte Riesengarnelen

1 Handvoll Brunnenkresse

1 Prise Sesamsamen

Für die Salsa

1 Kiwi, fein gehackt

1 TL Granatapfelkerne

Saft von 1/2 Limette

1/2 rote Chilischote, fein gehackt

1 Handvoll Korianderblätter, fein gehackt

Für das Dressing

1 TL natives Olivenöl extra

Saft von 1/2 Limette

1/2 TL Sojasauce

1/2 TL Honig

Die ZUBEREITUNG

1. Cherrytomaten, Dill und den weißen Teil der Frühlingszwiebel in einer Schüssel vermengen, mit Salz und Pfeffer würzen.

2. Für die Salsa Kiwi, Granatapfelkerne, Limettensaft, rote Chilischote und Korianderblätter in einer Schüssel mischen, mit Salz und Pfeffer abschmecken und beiseitestellen.

3. Für das Dressing das native Olivenöl extra mit Limettensaft, Sojasauce und Honig in einer Schüssel verrühren, mit Salz und Pfeffer abschmecken.

4. Die Quinoa in eine Servier-Bowl füllen, Garnelen, Brunnenkresse, Kiwi-Salsa und Tomatenmischung hinzugeben. Mit Frühlingszwiebelgrün und Sesamsamen bestreuen und mit dem Dressing beträufeln.

Die ZUSAMMENSTELLUNG

Beginnen mit
Quinoa

Weiter mit
Garnelen, Brunnenkresse, Tomatenmischung und Kiwi-Salsa

Zum Schluss
Frühlingszwiebelgrün, Sesam und Sojasaucendressing

LF GF UNTER 600 KCAL

Naturreis-Paella
mit Tomaten & Garnelen

Zubereitung 10 MIN.

Diese Paella kann ohne Kochen zubereitet werden, sie macht satt und ist ideal zum Mitnehmen.

Kalorien **428**	Cholesterin **114 mg**	Ballaststoffe **10 g**
Fett insg. **8 g**	Natrium **488 mg**	Zucker **10 g**
ges. Fetts. **1 g**	Kohlenhydrate **57 g**	Protein **26 g**

Die ZUTATEN

1/4 Salatgurke, halbiert, entkernt, in Scheiben geschnitten

1 Frühlingszwiebel, fein gehackt

1 TL Reisessig

Meersalz und frisch gemahlener schwarzer Pfeffer

195 g gegarter Naturreis

75 g Erbsen (TK, aufgetaut)

165 g Zuckermais

2 Tomaten, entkernt, gewürfelt

1 Handvoll glatte Petersilie, fein gehackt

1 Handvoll Rucola

85 g gegarte Riesengarnelen

1 Handvoll Kresse (nach Belieben)

Zitronenspalten (nach Belieben)

Für das Dressing

1 TL natives Olivenöl extra

Saft von 1/2 Zitrone

1/2 TL geräuchertes Paprikapulver oder 1 TL normales Paprikapulver + etwas mehr zum Garnieren

Die ZUBEREITUNG

1 Für das Dressing das native Olivenöl extra mit Zitronensaft, Paprikapulver, Salz und Pfeffer verrühren. Beiseitestellen.

2 Salatgurke, Frühlingszwiebel und Reisessig in einer Schüssel mischen und mit Salz und Pfeffer würzen.

3 Den Naturreis in eine Schüssel geben und Erbsen, Zuckermais und Tomaten unterrühren, mit Salz und Pfeffer würzen. Glatte Petersilie und Zitronendressing hinzufügen und gut mit den Zutaten vermengen.

4 Die Naturreis-Erbsen-Mischung in eine Servier-Bowl füllen, Rucola und Garnelen hinzufügen. Die Salatgurkenmischung darauf anrichten, mit der Kresse bestreuen, nach Belieben Zitronenspalten dazu reichen. Mit Paprikapulver bestäuben.

Die ZUSAMMENSTELLUNG

Beginnen mit Naturreis-Erbsen-Paella

Weiter mit Rucola, Garnelen und Gurkenmischung

Zum Schluss Kresse und Paprikapulver

UNTER **300** KCAL

LF GF V

Dünne Reisnudeln
mit Wasabidressing

Zubereitung **15 MIN.**

Jeder Bissen ist dank saurer Limette und scharfem Wasabi ein unvergessliches Geschmackserlebnis.

Kalorien **137**	Cholesterin **0 mg**	Ballaststoffe **1,5 g**
Fett insg. **5 g**	Natrium **12 mg**	Zucker **5 g**
ges. Fetts. **0,7 g**	Kohlenhydrate **16 g**	Protein **6 g**

Die ZUTATEN

70 g dünne Reisnudeln

75 g Zuckerschoten, längs fein geschnitten

4 Radieschen, in dünne Scheiben geschnitten

fein geriebene Schale von ½ Bio-Limette + ½ Limette, filetiert und gehackt

1 EL ungesalzene Pistazien, grob gehackt

einige Basilikumblätter (nach Belieben)

1 Handvoll Korianderblätter (nach Belieben)

Limettenspalten (nach Belieben)

Für das Dressing

30 g Babyspinatblätter

3 EL Seidentofu

1 Knoblauchzehe, halbiert

Saft von ½ Zitrone

Meersalz und frisch gemahlener schwarzer Pfeffer

1–2 TL Wasabipaste (nach Belieben)

Die ZUBEREITUNG

1 Die Reisnudeln in einer Schüssel mit kochendem Wasser bedecken. 5 Minuten (oder nach Packungsangabe) einweichen, dann abseihen und beiseitestellen.

2 In der Zwischenzeit für das Dressing die Spinatblätter in einem Mixer hacken. Seidentofu, Knoblauch, Zitronensaft sowie Salz und Pfeffer zugeben und mixen. Das Wasabi nach und nach hinzufügen und pürieren, zwischendurch abschmecken. Das Dressing in eine Schüssel füllen. (Ergibt 4 Portionen. Luftdicht verschlossen hält es sich 3 Tage im Kühlschrank.)

3 Zuckerschoten, Radieschen und Limettenschale in einer Schüssel mischen, mit Salz und Pfeffer würzen. Mit etwas von dem Wasabidressing vermengen.

4 Die Nudeln in eine Servier-Bowl füllen, die Limettenfilets dazugeben. Zuckerschotenmischung und restliches Dressing daraufgeben, anschließend mit Pistazien sowie nach Belieben mit Basilikum und Korianderblättern bestreuen. Nach Belieben Limettenspalten zum Beträufeln dazu reichen.

Die ZUSAMMENSTELLUNG

Beginnen mit Reisnudeln und Dressing

Weiter mit Zuckerschotenmischung und Wasabidressing

Zum Schluss Pistazien, Basilikum, Koriander, Limettenspalten

LF

UNTER 300 KCAL

Grünteenudeln & Forelle
mit Fenchelsalat

Zubereitung 15 MIN.

Meeresalgen verleihen dem Gericht Würze ohne zusätzliche Kalorien – ein herrlich leichtes und köstliches Essen.

Kalorien **259**	Cholesterin **21 mg**	Ballaststoffe **11 g**
Fett insg. **3 g**	Natrium **872 mg**	Zucker **10,5 g**
ges. Fetts. **0,7 g**	Kohlenhydrate **36 g**	Protein **15 g**

Die ZUTATEN

115 g Grüntee-Sobanudeln (jap. Buchweizennudeln)

3 Stücke getrocknete Wakame-Algen

25 g Fenchel, klein geschnitten (nach Belieben Fenchelgrün aufbewahren)

45 g Möhre, gerieben

100 g geräucherte Forelle, grob zerkleinert

1 Handvoll Korianderblätter, die Hälfte gehackt, der Rest ganz

Limettenspalten (nach Belieben)

1 Handvoll glatte Petersilie, gehackt

Für das Dressing

1 TL Sojasauce

1 TL Mirin (süßer jap. Reiswein)

½ TL Honig

Saft von ¼ Limette

Meersalz und frisch gemahlener schwarzer Pfeffer

Die ZUBEREITUNG

1 Die Nudeln in eine Schüssel geben und mit kochendem Wasser bedecken. 3–6 Minuten (oder nach Packungsangabe) einweichen, dann abseihen, mit kaltem Wasser abschrecken und beiseitestellen.

2 Die Wakame in eine Schüssel legen und mit kochendem Wasser bedecken. 10 Minuten einweichen, abseihen und grob hacken.

3 Für das Dressing die Sojasauce mit Mirin, Honig und Limettensaft in einer Schüssel verrühren, mit Salz und Pfeffer abschmecken.

4 Fenchel, Möhre und Wakame in einer Schüssel mischen, fast das gesamte Dressing zugeben und mit den Zutaten gut vermengen.

5 Die Nudeln in eine Servier-Bowl füllen. Fenchel-Möhren-Salat, Forelle, Korianderblätter und nach Belieben Limettenspalten darauf anrichten. Das restliche Dressing darüberträufeln und mit glatter Petersilie sowie nach Belieben mit Fenchelgrün bestreuen.

Die ZUSAMMENSTELLUNG

Beginnen mit Grüntee-Sobanudeln

Weiter mit Fenchel-Möhren-Salat, Forelle, Koriander und Limettenspalten

Zum Schluss Dressing, glatte Petersilie und Fenchelgrün

UNTER 400 KCAL

LF GF

Räucherlachs-Sushi
mit Wasabidressing

Zubereitung 5 MIN.

Verbindet alle Sushi-Aromen, lässt sich aber schneller zubereiten und wird durch Naturreis gesünder.

Kalorien **300**	Cholesterin **9 mg**	Ballaststoffe **5,5 g**
Fett insg. **16 g**	Natrium **259 mg**	Zucker **4,5 g**
ges. Fetts. **3,5 g**	Kohlenhydrate **25 g**	Protein **10 g**

Die ZUTATEN

100 g gegarter Naturreis

1 TL Reisessig

40 g Räucherlachs

50 g Salatgurke, in dünne Stifte geschnitten

3 Radieschen, in dünne Scheiben geschnitten

1 Frühlingszwiebel, in feine Ringe geschnitten

¼ rote Paprikaschote, entkernt, in feine Streifen geschnitten

1 Handvoll Babyspinatblätter

½ kleine Avocado

1 TL eingelegter Ingwer

1 TL Sesamsamen

Für das Dressing

1 TL Reisessig

¼ TL Wasabipaste

Meersalz und frisch gemahlener schwarzer Pfeffer

Die ZUBEREITUNG

1 Den Naturreis in eine Schüssel füllen, den Reisessig unterrühren und beiseitestellen.

2 Für das Dressing Reisessig und Wasabi in einer Schüssel verrühren und mit Salz und Pfeffer abschmecken.

3 Den Räucherlachs in eine Servier-Bowl geben. Salatgurke, Radieschen, Frühlingszwiebel, rote Paprikaschote und Spinatblätter hinzufügen. Die Avocado schälen, klein schneiden und mit dem eingelegten Ingwer darauf anrichten. Das Dressing darüberträufeln und alles mit dem Sesam bestreuen.

Die ZUSAMMENSTELLUNG

Beginnen mit
Räucherlachs

Weiter mit
Salatgurke, Radieschen, Frühlingszwiebel, Paprikaschote und Spinatblättern

Zum Schluss
Avocado, Ingwer, Dressing und Sesam

LF GF

UNTER **600** KCAL

Möhren-Salatgurke-Nudeln
mit Mandeln

Zubereitung 15 MIN.

Mit einem Spiralschneider oder einem Gemüsehobel können Sie diese nahrhafte, superschnelle Bowl aufpeppen.

Kalorien **500**	Cholesterin **0 mg**	Ballaststoffe **12 g**
Fett insg. **23 g**	Natrium **72 mg**	Zucker **23 g**
ges. Fetts. **2 g**	Kohlenhydrate **56 g**	Protein **12 g**

Die **ZUTATEN**

2 Möhren, in dünne Stifte geschnitten (oder mit Spiralschneider oder Gemüsehobel schneiden)

½ Salatgurke, entkernt, in Stifte geschnitten

½ rote Paprikaschote, entkernt, in Streifen geschnitten

100 g Bohnensprossen

1 Stück frischer Ingwer (5 cm), in feine Scheiben geschnitten

100 g gegarte rote und weiße Quinoa

1 TL Reisessig

Meersalz und frisch gemahlener schwarzer Pfeffer

1 Prise Chiliflocken

1 Handvoll Korianderblätter, gehackt

10 Mandeln, gehackt

Für das Dressing

1 TL Reisessig

Saft von ½ Limette

¼ rote Chilischote, entkernt, fein gehackt

¼ TL Honig

Die **ZUBEREITUNG**

1 Für das Dressing den Reisessig mit Limettensaft, roter Chilischote und Honig in einer Schüssel verrühren, mit Salz und Pfeffer abschmecken.

2 Möhren, Salatgurke, rote Paprikaschote, Bohnensprossen, Ingwer und Dressing in eine Schüssel geben und mit den Händen vermengen.

3 Quinoa und Reisessig in eine Schüssel geben, mit Salz und Pfeffer würzen.

4 Die Quinoamischung in eine Servier-Bowl geben, die Gemüsenudeln darauf anrichten. Chiliflocken, Korianderblätter und Mandeln darüberstreuen.

Die **ZUSAMMENSTELLUNG**

Beginnen mit Quinoa- und Gemüsemischung

Weiter mit Chiliflocken

Zum Schluss Korianderblätter und Mandeln

UNTER **300** KCAL

LF GF

Räucherforelle & Wassermelone
mit Ingwerdressing

Zubereitung 15 MIN.

Eine Bowl, die erfrischt: Saftige Wassermelone durchdringt das feine Aroma der Räucherforelle.

Kalorien **204**	Cholesterin **0 mg**	Ballaststoffe **2,5 g**
Fett insg. **10 g**	Natrium **502 mg**	Zucker **8,5 g**
ges. Fetts. **2 g**	Kohlenhydrate **11 g**	Protein **16 g**

Die ZUTATEN

1 Handvoll Feldsalatblätter

1 Frühlingszwiebel, fein gehackt

15 g Zuckerschoten, in feine Scheiben geschnitten

1 Handvoll Schnittlauch, fein geschnitten

1 EL Edamame-Bohnen (TK, aufgetaut)

50 g Räucherforelle, zerkleinert

100 g Wassermelone, gewürfelt

1 Prise schwarze Sesamsamen (nach Belieben)

1 Limettenspalte (nach Belieben)

Für das Dressing

2 TL natives Olivenöl extra

Saft von ¼ Limette

1 Stück frischer Ingwer (2,5 cm), gerieben

1 Knoblauchzehe, gerieben

¼ TL Honig

1 Prise Paprikapulver

Meersalz und frisch gemahlener schwarzer Pfeffer

Die ZUBEREITUNG

1. Für das Dressing natives Olivenöl extra, Limettensaft, Ingwer, Knoblauch, Honig und Paprikapulver in einer Schüssel verquirlen, mit Salz und Pfeffer abschmecken.

2. Feldsalat, Frühlingszwiebel, Zuckerschoten, Schnittlauch und Edamame mit dem Dressing mischen.

3. Die Salatmischung in eine Servier-Bowl füllen. Forelle und Wassermelone darübergeben. Nach Belieben mit dem schwarzen Sesam bestreuen und die Limettenspalte zum Beträufeln dazu anrichten.

Die ZUSAMMENSTELLUNG

Beginnen mit Salatmischung und Dressing

Weiter mit Forelle und Wassermelone

Zum Schluss Sesamsamen und Limettenspalte

LF GF UNTER 300 KCAL

Reisnudeln & Krebsfleisch
mit Chili-Honig-Dressing

Zubereitung 10 MIN.

Krebsfleisch ist nicht nur kalorienarm, es ist auch ein ausgezeichneter Lieferant von Omega-3-Fettsäuren.

Kalorien **295**	Cholesterin **33 mg**	Ballaststoffe **5 g**
Fett insg. **11 g**	Natrium **195 mg**	Zucker **8,5 g**
ges. Fetts. **1,5 g**	Kohlenhydrate **30 g**	Protein **17 g**

Die ZUTATEN

70 g dünne Reisnudeln

45 g Möhre, in feine Streifen geschnitten

¼ rote Paprikaschote, entkernt, in feine Streifen geschnitten

5 Cherrytomaten, halbiert

Meersalz und frisch gemahlener schwarzer Pfeffer

1 Handvoll Korianderblätter

75 g weißes Krebsfleisch

fein geriebene Schale von ¼ Bio-Limette

4 Mandeln, grob gehackt

Limettenspalten (nach Belieben)

Für das Dressing

2 TL natives Olivenöl extra

¼ Chilischote, entkernt, fein gehackt

Saft von ¼ Limette

¼ TL Honig

Die ZUBEREITUNG

1. Die Reisnudeln in eine Schüssel geben und mit kochendem Wasser bedecken. 5 Minuten (oder nach Packungsangabe) ziehen lassen, dann abseihen und beiseitestellen.
2. Die abgekühlten Nudeln mit Möhre, roter Paprikaschote und Tomaten mischen, mit Salz und Pfeffer würzen und die Hälfte der Korianderblätter untermischen.
3. Für das Dressing das native Olivenöl extra mit Chilischote, Limettensaft und Honig in einer kleinen Schüssel verrühren, mit Salz und Pfeffer abschmecken.
4. Die Nudelmischung mit der Hälfte des Dressings vermengen und in eine Servier-Bowl füllen. Krebsfleisch, Limettenschale, restliche Korianderblätter und Mandeln darauf anrichten. Das restliche Dressing darübergeben und nach Belieben Limettenspalten zum Beträufeln dazu reichen.

Die ZUSAMMENSTELLUNG

Beginnen mit Reisnudelmischung

Weiter mit Krebsfleisch, Limettenschale, Korianderblättern und Mandeln

Zum Schluss Chili-Honig-Dressing und Limettenspalten

UNTER **600** KCAL

LF GF

Lachs & Bohnensprossen
mit Mango & Gurken-Relish

Zubereitung **10 MIN.**

Lachs passt hervorragend zu süßer Mango und erfrischender Salatgurke – eine leichte Bowl mit viel Geschmack.

Kalorien **473**	Cholesterin **101 mg**	Ballaststoffe **4,5 g**
Fett insg. **19,5 g**	Natrium **1196 mg**	Zucker **15,5 g**
ges. Fetts. **4 g**	Kohlenhydrate **34 g**	Protein **38 g**

Die **ZUTATEN**

140 g heiß geräuchertes Lachsfilet, ohne Haut, grob zerkleinert

1 Handvoll Rucola

100 g gegarte rote und weiße Quinoa

1 Handvoll Bohnensprossen

85 g Mango, fein gewürfelt

1 Prise frisch gemahlener schwarzer Pfeffer

einige Minzeblätter

Für das Relish

70 g Salatgurke, fein gehackt

¼ rote Paprikaschote, entkernt, fein gehackt

¼ rote Chilischote, entkernt, fein gehackt

1 TL Reisessig

¼ kleine rote Zwiebel, fein gehackt

Meersalz und frisch gemahlener schwarzer Pfeffer

Für das Dressing

1 TL natives Olivenöl extra

1 TL Reisessig

Saft von ½ Limette

¼ TL Honig

Die **ZUBEREITUNG**

1 Für das Relish die Salatgurke mit roter Paprikaschote, roter Chilischote, Reisessig und roter Zwiebel in einer Schüssel mischen, mit Salz und Pfeffer abschmecken und beiseitestellen.

2 Für das Dressing das native Olivenöl extra mit Reisessig, Limettensaft und Honig in einer Schüssel verrühren, mit Salz und Pfeffer abschmecken.

3 Den Lachs in einer Servier-Bowl anrichten. Rucola, Quinoa, Bohnensprossen und Mango hinzugeben. Das Gurken-Relish darauf anrichten, das Ganze mit dem Dressing beträufeln und mit gemahlenem Pfeffer und Minzeblättern bestreuen.

Die **ZUSAMMENSTELLUNG**

Beginnen mit
Lachs

Weiter mit
Rucola, Quinoa, Bohnensprossen und Mango

Zum Schluss
Gurken-Relish, Dressing, Pfeffer und Minzeblätter

LF GF

UNTER **400** KCAL

Naturreis, Krebs & Fenchel
mit rosa Grapefruit

Zubereitung 10 MIN.

Diese kalorienarme Bowl sättigt durch proteinreiches Krebsfleisch und Reis, die Grapefruit steuert Frische bei.

Kalorien **309**	Cholesterin **26,5 mg**	Ballaststoffe **6,5 g**
Fett insg. **2,5 g**	Natrium **180 mg**	Zucker **12,5 g**
ges. Fetts. **0,5 g**	Kohlenhydrate **53 g**	Protein **16 g**

Die **ZUTATEN**

50 g weißes Krebsfleisch

1 Frühlingszwiebel, fein gehackt

¼ Salatgurke, halbiert, entkernt, in Scheiben geschnitten

1 Prise Chiliflocken

Meersalz und frisch gemahlener schwarzer Pfeffer

1 Grapefruit, filetiert (Saft auffangen)

100 g gegarter Naturreis

45 g Fenchel, in feine Scheiben geschnitten, mit Zitronensaft vermengt (Fenchelgrün aufbewahren)

5 Radieschen, in dünne Scheiben geschnitten

1 Handvoll Brunnenkresse

Die **ZUBEREITUNG**

1 Das Krebsfleisch mit Frühlingszwiebel, Salatgurke und Chiliflocken in einer Schüssel mischen, mit Salz und Pfeffer würzen. Den aufgefangenen Grapefruitsaft unterrühren.

2 Den Naturreis in eine Servier-Bowl füllen, dann Krebsfleischmischung, Fenchel, Radieschen und Brunnenkresse daraufgeben. Zum Schluss mit den Grapefruitfilets belegen.

Die **ZUSAMMENSTELLUNG**

Beginnen mit
Naturreis

Weiter mit
Krebsfleischmischung, Fenchel, Radieschen und Brunnenkresse

Zum Schluss
Grapefruitfilets

UNTER 400 KCAL

GF

Hähnchen & Schwarzaugenbohnen mit scharfem Joghurtdressing

Zubereitung 15 MIN.

In dieser Bowl bilden Bohnen und Zitrone einen angenehmen Kontrast zur würzig-scharfen Sauce.

Kalorien **399**	Cholesterin **102 mg**	Ballaststoffe **14 g**
Fett insg. **5,5 g**	Natrium **110 mg**	Zucker **10 g**
ges. Fetts. **1,5 g**	Kohlenhydrate **29 g**	Protein **51 g**

Die ZUTATEN

165 g gegarte Schwarzaugenbohnen

fein geriebene Schale von 1 Bio-Zitrone

½ Chilischote, entkernt, fein gehackt

1 Prise Kreuzkümmelsamen, zerstoßen

Meersalz und frisch gemahlener schwarzer Pfeffer

¼ rote Paprikaschote, entkernt, fein gewürfelt

1 Tomate, entkernt, fein gewürfelt

1 Stange Staudensellerie, fein geschnitten

¼ rote Zwiebel, halbiert, in feine Streifen geschnitten

1 EL Granatapfelkerne

1 Prise Sumach

einige Korianderblätter

125 g gegartes Hähnchenbrustfilet, ohne Haut, in Scheiben geschnitten

4 kleine Blätter Romanasalat

fein geriebene Bio-Limettenschale zum Garnieren (nach Belieben)

Für das Dressing

2 EL griechischer Joghurt (0,2 % Fett)

einige Spritzer Chilisauce

Die ZUBEREITUNG

1 Schwarzaugenbohnen, Zitronenschale, Chilischote und Kreuzkümmelsamen in einer Schüssel mischen und mit Salz und Pfeffer würzen. Rote Paprikaschote, Tomate und Sellerie unterrühren, abschmecken.

2 Rote Zwiebel, Granatapfelkerne, Sumach und Korianderblätter in einer zweiten Schüssel mischen. Mit Salz und Pfeffer würzen.

3 Für das Dressing den Joghurt mit der Chilisauce in einer Schüssel verrühren. Mit Salz und Pfeffer abschmecken.

4 Die Schwarzaugenbohnenmischung und das Hähnchenfleisch in eine Servier-Bowl geben. Die Salatblätter dazu anrichten. Zwiebelmischung und Joghurtdressing daraufgeben und nach Belieben mit Limettenschale bestreuen.

Die ZUSAMMENSTELLUNG

Beginnen mit Schwarzaugenbohnenmischung und Hähnchen

Weiter mit Romanasalatblättern

Zum Schluss Zwiebelmischung, Joghurtdressing und Limettenschale

LF GF

UNTER **400** KCAL

Garnelen & Linsencurry
mit Kräuter-Cashew-Dressing

Zubereitung 15 MIN.

Würziges Linsencurry kombiniert mit dem Aroma eines süßen Dressings. Garnelen liefern reichlich Protein.

Kalorien **333**	Cholesterin **73 mg**	Ballaststoffe **11 g**
Fett insg. **7,5 g**	Natrium **314 mg**	Zucker **7,5 g**
ges. Fetts. **1,5 g**	Kohlenhydrate **35 g**	Protein **26 g**

Die **ZUTATEN**

200 g gegarte grüne Linsen

½ TL gemahlene Kurkuma

1 Stück frischer Ingwer (2,5 cm), gerieben oder fein gehackt

¼ rote Chilischote, entkernt, fein gehackt

¼ TL natives Olivenöl extra

1 Handvoll Korianderblätter, die Hälfte gehackt, der Rest ganz

Meersalz und frisch gemahlener schwarzer Pfeffer

70 g gegarte Riesengarnelen

1 Handvoll Babyspinatblätter

1 Tomate, entkernt, in Streifen geschnitten

40 g rote Zwiebel, halbiert, in feine Streifen geschnitten

1 Limettenspalte (nach Belieben)

Für das Dressing

30 g Cashewkerne

1 Handvoll Korianderblätter

1 Prise Chiliflocken

Saft von ¼ Limette

¼ TL Honig

Die **ZUBEREITUNG**

1 Grüne Linsen, Kurkuma, Ingwer, rote Chilischote, natives Olivenöl extra und gehackte Korianderblätter in einer Schüssel mischen. Mit Salz und Pfeffer würzen und beiseitestellen.

2 Für das Dressing die Cashewkerne in einem Mixer fein hacken. 4 EL Wasser, Korianderblätter, Chiliflocken, Limettensaft, Honig sowie Salz und Pfeffer hinzufügen und die Zutaten vermengen. Sie sollten gut gemischt sein, das Ganze aber auch noch etwas Textur besitzen. (Ergibt 2 Portionen. Die zweite Portion hält sich luftdicht verschlossen 3 Tage im Kühlschrank.)

3 Die Linsenmischung in eine Servier-Bowl füllen. Garnelen, Spinat, Tomate und rote Zwiebel darauf anrichten. Das Dressing darübergeben, alles mit den ganzen Korianderblättern bestreuen und nach Belieben mit der Limettenspalte zum Beträufeln garnieren.

Die **ZUSAMMENSTELLUNG**

Beginnen mit Linsenmischung

Weiter mit Garnelen, Spinat, Tomate und roter Zwiebel

Zum Schluss Cashewdressing, Korianderblätter, Limettenspalte

UNTER **600** KCAL

LF GF

Hähnchen & Zuckerschoten
mit Chilidressing

Zubereitung 10 MIN.

Eine Bowl mit vielfältigen Geschmacksnuancen – scharf, süß, sauer und umami –, und das alles in einem Salat.

Kalorien **464**	Cholesterin **103 mg**	Ballaststoffe **7 g**
Fett insg. **6 g**	Natrium **93 mg**	Zucker **13 g**
ges. Fetts. **1,5 g**	Kohlenhydrate **49 g**	Protein **50 g**

Die ZUTATEN

40 g dünne Reisnudeln

100 g Bohnensprossen

1 Frühlingszwiebel, in feine Ringe geschnitten

1/4 rote Zwiebel, fein gewürfelt

100 g Zuckerschoten, schräg in feine Streifen geschnitten

1/4 Papaya, in dünne Scheiben geschnitten

1/4 Salatgurke, in feine Stifte geschnitten

1 Handvoll Korianderblätter, fein gehackt

125 g gegartes Hähnchenbrustfilet, ohne Haut, klein geschnitten

einige Minzeblätter

1 Prise Chiliflocken (nach Belieben)

1 Limettenspalte (nach Belieben)

Für das Dressing

Saft von 1/2 Limette

1 TL Reisessig

1/4 rote Chilischote, entkernt, fein gehackt

Meersalz und frisch gemahlener schwarzer Pfeffer

Die ZUBEREITUNG

1 Die Reisnudeln in eine Schüssel legen und mit kochendem Wasser bedecken. 5 Minuten (oder nach Packungsangabe) ziehen lassen, dann abseihen, abspülen und abtropfen lassen. Zurück in die Schüssel geben.

2 Für das Dressing den Limettensaft mit Reisessig und roter Chilischote in einer Schüssel mischen, mit Salz und Pfeffer würzen.

3 Bohnensprossen, Frühlingszwiebel, rote Zwiebel, Zuckerschoten, Papaya, Salatgurke und Korianderblätter in eine Schüssel geben und mit den Händen vermengen. Mit Salz und Pfeffer würzen. Dressing und die Hälfte des Hähnchens hinzufügen und die Zutaten noch einmal mischen.

4 Die Nudeln in eine Servier-Bowl geben, das restliche Hähnchen und die Gemüsemischung darauf anrichten. Mit Minzeblättern und nach Belieben mit Chiliflocken bestreuen und die Limettenspalte zum Beträufeln dazu reichen.

Die ZUSAMMENSTELLUNG

Beginnen mit Reisnudeln, Hähnchen und Gemüsemischung

Weiter mit Minzeblättern und Chiliflocken

Zum Schluss Limettenspalte

UNTER **400** KCAL

Weizenkörner & Papaya
mit Limetten-Relish

Zubereitung 10 MIN.

Durch das würzige Limetten-Relish und den frischen Tamarindenjoghurt entsteht ein indisches Aroma.

Kalorien **365**	Cholesterin **0 mg**	Ballaststoffe **12 g**
Fett insg. **9 g**	Natrium **396 mg**	Zucker **17,5 g**
ges. Fetts. **1 g**	Kohlenhydrate **53 g**	Protein **12 g**

Die ZUTATEN

1 EL griechischer Joghurt (0,2 % Fett)

1/2 TL Tamarindenpaste

1 Möhre, gerieben

1 Prise Schwarzkümmelsamen

1 TL Reisessig

Meersalz und frisch gemahlener schwarzer Pfeffer

1/2 rote Paprikaschote, entkernt, fein gewürfelt

1 Handvoll Minzeblätter, fein gehackt

Saft von 1/2 Limette

100 g gegarte Mischung aus Quinoa, Linsen und Weizenkörnern

1 Handvoll Babyspinatblätter

1/4 Papaya, in Scheiben geschnitten

1 Limettenspalte (nach Belieben)

Für das Relish

1 Limette, filetiert

1/4 rote Chilischote, entkernt, fein gehackt

1/4 rote Zwiebel, in feine Ringe geschnitten

Die ZUBEREITUNG

1. Den Joghurt mit der Tamarindenpaste in einer Schüssel verrühren und beiseitestellen.

2. Möhre, Schwarzkümmelsamen und Reisessig in einer Schüssel mischen und mit Salz und Pfeffer würzen. Beiseitestellen.

3. Rote Paprika, Minze und Limettensaft unter die Quinoa-Linsen-Weizenkörner-Mischung heben und mit Salz und Pfeffer abschmecken.

4. Für das Relish Limette, rote Chilischote und rote Zwiebel in einer Schüssel mischen und mit Salz und Pfeffer würzen.

5. Die Quinoa-Linsen-Weizenkörner-Mischung in eine Servier-Bowl füllen. Möhrenmischung, Limetten-Relish, Spinatblätter und Papaya hinzugeben. Den Tamarindenjoghurt darübergeben und nach Belieben zum Beträufeln mit der Limettenspalte anrichten.

Die ZUSAMMENSTELLUNG

Beginnen mit Quinoa-Linsen-Weizenkörner-Mischung

Weiter mit Möhrenmischung, Limetten-Relish, Spinatblättern und Papaya

Zum Schluss Tamarindenjoghurt und Limettenspalte

UNTER **600** KCAL

LF GF V

Sushi-Buddha-Bowl
mit Nori

Zubereitung 15 MIN.

Ganz unterschiedliches Gemüse liefert verschiedene Texturen und reichlich wichtige Nährstoffe. Genuss pur!

Kalorien **420**	Cholesterin **0 mg**	Ballaststoffe **11 g**
Fett insg. **12 g**	Natrium **60 mg**	Zucker **9 g**
ges. Fetts. **2 g**	Kohlenhydrate **53 g**	Protein **19 g**

Die **ZUTATEN**

150 g gegarter Naturreis

3 TL Reisessig

1 getrocknetes Noriblatt, mit der Schere in feine Streifen geschnitten

2 TL schwarze Sesamsamen

1 Stück frischer Ingwer (2,5 cm), gerieben

150 g Edamame-Bohnen (TK, aufgetaut)

60 g Möhren, in dicke Stifte geschnitten

90 g fester Tofu, gewürfelt

70 g Salatgurke, in Scheiben geschnitten

1 Frühlingszwiebel (nur der weiße Teil), längs in Streifen geschnitten

3 Radieschen, geputzt, in dünne Scheiben geschnitten

50 g Zuckerschoten, in feine Scheiben geschnitten

1 Handvoll Schnittlauch, fein gehackt

1 Handvoll rote Amaranthsprossen (nach Belieben)

½ TL Wasabipaste

Die **ZUBEREITUNG**

1 Den Naturreis mit 1 ½ TL vom Reisessig, Noriblatt und 1 TL von den schwarzen Sesamsamen in einer Schüssel mischen und beiseitestellen.

2 In einer zweiten Schüssel Ingwer und restlichen Reisessig verrühren.

3 Die Reismischung in eine Servier-Bowl füllen. Edamame-Bohnen, Möhre, Tofu, Salatgurke, Frühlingszwiebel, Radieschen, Zuckerschoten, Schnittlauch und nach Belieben rote Amaranthsprossen grüppchenweise darauf anrichten. Die Wasabipaste daraufgeben oder dazu reichen. Mit Ingwermischung und restlichem schwarzen Sesam bestreuen.

Die **ZUSAMMENSTELLUNG**

Beginnen mit
Reis, Edamame, Möhre, Tofu, Salatgurke und Frühlingszwiebel

Weiter mit
Radieschen, Zuckerschoten, Schnittlauch und roten Amaranthsprossen

Zum Schluss
Wasabipaste, Ingwermischung und schwarzer Sesam

LF V UNTER 300 KCAL

Knackige Nudelpfanne
mit Reisessig

Zubereitung 20 MIN.

Diese Bowl ist schnell gemacht. Alles, was das süßliche Gemüse braucht, ist ein scharfes Dressing.

Kalorien **293**	Cholesterin **0 mg**	Ballaststoffe **7 g**
Fett insg. **7 g**	Natrium **300 mg**	Zucker **10 g**
ges. Fetts. **1,5 g**	Kohlenhydrate **44 g**	Protein **11 g**

Die **ZUTATEN**

70 g Reisbandnudeln

135 g Möhren, in dünne Scheiben geschnitten

140 g Zucchini, in dünne Scheiben geschnitten

½ rote Paprikaschote, entkernt, in feine Streifen geschnitten

¼ rote Chilischote, entkernt, in feine Ringe geschnitten

2 TL Sesamsamen

1 Stück Zitronengras (2,5 cm), äußere Blätter entfernt, Innenteil klein geschnitten

60 g Champignons, halbiert

1 Frühlingszwiebel, grüner Teil in feine Ringe geschnitten, weißer Teil längs in Streifen geschnitten

einige rote Basilikumblätter (nach Belieben)

Für das Dressing

1 TL Sojasauce

1 TL Reisessig

Saft von ½ Limette

½ Knoblauchzehe, gerieben

¼ rote Chilischote, entkernt, fein gehackt

Meersalz und frisch gemahlener Pfeffer

Die **ZUBEREITUNG**

1 Die Reisnudeln in eine Schüssel geben und mit kochendem Wasser bedecken. 10 Minuten (oder nach Packungsangabe) ziehen lassen, dann abseihen, abtropfen lassen und beiseitestellen.

2 Für das Dressing die Sojasauce mit Reisessig, Limettensaft, Knoblauch und roter Chilischote in einer Schüssel verrühren. Mit Salz und Pfeffer würzen.

3 Möhren, Zucchini, rote Paprikaschote, rote Chilischote, Sesamsamen, Zitronengras, Pilze und weiße Frühlingszwiebel in einer Schüssel mischen. Die Hälfte der Nudeln hinzufügen und mit Salz und Pfeffer würzen. Die Zutaten vermengen, das Dressing daraufträufeln und mit den Zutaten mischen.

4 Das Ganze in eine Servier-Bowl füllen. Die restlichen Nudeln zugeben, mit dem Frühlingszwiebelgrün und nach Belieben mit dem roten Basilikum bestreuen.

Die **ZUSAMMENSTELLUNG**

Beginnen mit Nudelpfannenmischung

Weiter mit Reisnudeln mit Reisessigdressing

Zum Schluss Frühlingszwiebelgrün und rotes Basilikum

UNTER **600** KCAL

GF

Linsen, Minze & Blaubeeren
mit Roter Bete

Zubereitung 10 MIN.

Blaubeeren und Linsen – das klingt ungewöhnlich, doch die fruchtigen und nussigen Aromen harmonieren bestens.

Kalorien **418**	Cholesterin **14 mg**	Ballaststoffe **21 g**
Fett insg. **7 g**	Natrium **696 mg**	Zucker **12,5 g**
ges. Fetts. **3 g**	Kohlenhydrate **49 g**	Protein **29 g**

Die ZUTATEN

120 g Dicke Bohnen

1 gegarte Rote Bete, klein gewürfelt

5 Radieschen, in Scheiben geschnitten

200 g gegarte grüne Linsen

1 Handvoll Minzeblätter, fein gehackt

70 g Salatgurke, geschält, entkernt, klein gewürfelt

100 g Blaubeeren

1 Handvoll Rucola

40 g Feta, fein gewürfelt (nach Belieben)

Für das Dressing

Saft von ½ Limette

1 Prise Paprikapulver

Meersalz und frisch gemahlener schwarzer Pfeffer

Die ZUBEREITUNG

1. Die Dicken Bohnen in eine Schüssel geben und mit kochendem Wasser bedecken. 5 Minuten ziehen lassen, bis sie weich sind, dann abseihen. (Wer mag, kann sie jetzt schälen.) Die abgekühlten Dicken Bohnen mit Roter Bete und Radieschen mischen und beiseitestellen.

2. Für das Dressing Limettensaft und Paprikapulver in einer Schüssel verrühren und mit Salz und Pfeffer würzen.

3. Die grünen Linsen mit Minzeblättern, Salatgurke und Blaubeeren in einer Schüssel vermengen und mit Salz und Pfeffer abschmecken.

4. Die Linsenmischung in eine Servier-Bowl füllen. Bohnenmischung und Rucola hinzufügen. Nach Belieben mit dem Feta bestreuen. Das Dressing darüberträufeln.

Die ZUSAMMENSTELLUNG

Beginnen mit Linsenmischung

Weiter mit Dicke-Bohnen-Mischung und Rucola

Zum Schluss Feta und Limettendressing

LF GF UNTER 600 KCAL

Regenbogen-Krautsalat
mit Wasabi & Forelle

Zubereitung 10 MIN.

Dieser bunte Krautsalat passt hervorragend zu Forelle, das Wasabidressing verbindet alles miteinander.

Kalorien **417**	Cholesterin **0 mg**	Ballaststoffe **12 g**
Fett insg. **10,5 g**	Natrium **619 mg**	Zucker **23 g**
ges. Fetts. **2 g**	Kohlenhydrate **51 g**	Protein **24 g**

Die ZUTATEN

100 g gegarte rote und weiße Quinoa

60 g geräuchertes Forellenfilet

1 Handvoll Brunnenkresse

1 Prise Chiasamen

3 Radieschen, in dünne Stifte geschnitten

Für den Krautsalat

20 g Rotkohl, geraspelt

1 Möhre, gerieben

1 säuerlicher Apfel, entkernt, klein geschnitten

Meersalz und frisch gemahlener schwarzer Pfeffer

Für das Dressing

1 TL natives Olivenöl extra

1 TL Apfelessig

1 Stück frischer Ingwer (1,5 cm), gerieben

½ TL Wasabipaste

Die ZUBEREITUNG

1 Für den Krautsalat Rotkohl, Möhre und Apfel in einer Schüssel mischen, mit Salz und Pfeffer würzen. Beiseitestellen. (Ergibt 2 Portionen. Die zweite Portion hält sich luftdicht verschlossen 3 Tage im Kühlschrank.)

2 Für das Dressing das native Olivenöl extra mit Apfelessig, Ingwer und Wasabipaste in einer Schüssel verrühren und mit Salz und Pfeffer würzen. Das Dressing zum Krautsalat geben und gut mit den Zutaten mischen.

3 Die Quinoamischung in eine Servier-Bowl füllen, den Krautsalat dazugeben. Das Forellenfilet in Stücke zupfen und mit der Brunnenkresse darauf anrichten. Mit Chiasamen und Radieschen bestreuen.

Die ZUSAMMENSTELLUNG

Beginnen mit Quinoamischung

Weiter mit Krautsalat, Forelle, Brunnenkresse

Zum Schluss Chiasamen und Radieschen

GF

UNTER **300** KCAL

Selleriesalat
mit Mandeln & Edamer

Zubereitung **15 MIN.**

Dieser Salat ohne Mayonnaise hat weniger Kalorien, durch den Edamer-Käse bekommt er zusätzlichen Geschmack.

Kalorien **218**	Cholesterin **14 mg**	Ballaststoffe **5 g**
Fett insg. **11,5 g**	Natrium **281 mg**	Zucker **15,5 g**
ges. Fetts. **4 g**	Kohlenhydrate **16 g**	Protein **10 g**

Die **ZUTATEN**

135 g Knollensellerie

Saft von 1 Zitrone

1 TL Berberitzenbeeren

60 g Möhren, in dünne Stifte geschnitten

½ säuerlicher Apfel, in dünne Scheiben geschnitten

Meersalz und frisch gemahlener schwarzer Pfeffer

1 TL Weißweinessig

¼ TL Dijonsenf

1 TL gehackter Dill

35 g Edamer, gewürfelt (oder ein anderer fettarmer Käse)

1 Gewürzgurke, längs aufgeschnitten

1 Handvoll gemischte Salatblätter

1 Clementine, in Scheiben geschnitten

6 ungeschälte Mandeln, gehackt

Die **ZUBEREITUNG**

1. Den Sellerie schälen und in Stifte schneiden, mit dem Zitronensaft mischen, damit er nicht braun wird.

2. Die Berberitzenbeeren in eine kleine Schüssel geben, mit Wasser bedecken und 10 Minuten einweichen. Anschließend abseihen.

3. Sellerie, Möhre und Apfel in einer Schüssel mischen, mit Salz und Pfeffer würzen. Weißweinessig, Dijonsenf und Dill unterrühren.

4. Den Selleriesalat in eine Servier-Bowl füllen. Edamer, Gewürzgurke, Salatblätter und Clementine darauf anrichten. Mit Mandeln und Berberitzen bestreuen.

Die **ZUSAMMENSTELLUNG**

Beginnen mit
Selleriesalat

Weiter mit
Edamer, Gewürzgurke, Salatblättern, Clementine

Zum Schluss
Mandeln und Berberitzen

UNTER **600** KCAL

LF GF

Soba-Nudeln & Makrele
mit rosa Pfeffer & Roter Bete

Zubereitung **15 MIN.**

Dank Roter Bete, Nori und Makrele ist dies eine Bowl voller Superfoods. Ein säuerliches Dressing rundet alles ab.

Kalorien **548**	Cholesterin **47 mg**	Ballaststoffe **4,5 g**
Fett insg. **23 g**	Natrium **932 mg**	Zucker **6,5 g**
ges. Fetts. **4 g**	Kohlenhydrate **50 g**	Protein **32 g**

Die **ZUTATEN**

115 g Soba-Nudeln (jap. Buchweizennudeln)

75 g geräucherte Makrele (ohne Haut), klein gezupft

140 g Salatgurke, in Stifte geschnitten

1 Handvoll Korianderblätter, gehackt

75 g Edamame-Bohnen (TK, aufgetaut)

¼ Noriblatt, in feine Streifen geschnitten

75 g rohe oder eingelegte Rote Bete, gerieben

1 Frühlingszwiebel (nur der grüne Teil), in feine Ringe geschnitten

frisch gemahlene rosa Pfefferbeeren

Für das Dressing

1 TL Reisessig

1 Stück frischer Ingwer (2,5 cm), gerieben

¼ Knoblauchzehe, gerieben

Saft von ¼ Limette

1 Handvoll Korianderblätter, gehackt

1 Prise Chiliflocken

Meersalz und frisch gemahlener schwarzer Pfeffer

Die **ZUBEREITUNG**

1 Die Soba-Nudeln in eine Schüssel legen und mit kochendem Wasser bedecken. 10 Minuten (oder nach Packungsangabe) ziehen lassen, dann abseihen, mit kaltem Wasser abspülen und abtropfen lassen. Beiseitestellen.

2 Für das Dressing Reisessig, Ingwer, Knoblauch, Limettensaft, Korianderblätter und Chiliflocken in einer Schüssel verrühren, mit Salz und Pfeffer abschmecken.

3 Geräucherte Makrele, Salatgurke und Korianderblätter mit den Nudeln mischen, das Dressing untermengen.

4 Die Nudel-Makrelen-Mischung in eine Servier-Bowl füllen. Mit Edamame-Bohnen, Noristreifen und Roter Bete anrichten und mit Frühlingszwiebel und rosa Pfeffer bestreuen.

Die **ZUSAMMENSTELLUNG**

Beginnen mit Nudel-Makrelen-Mischung

Weiter mit Edamame, Noristreifen und Roter Bete

Zum Schluss Frühlingszwiebel und rosa Pfeffer

UNTER **600** KCAL

LF V

Naturreis-Sushi
mit Miso & Sojasauce

Zubereitung **5 MIN.**

Shushi einmal ganz anders interpretiert – und genauso lecker auch ohne das ganze Drumherum.

Kalorien **421**	Cholesterin **0 mg**	Ballaststoffe **10 g**
Fett insg. **23 g**	Natrium **505 mg**	Zucker **7 g**
ges. Fetts. **5 g**	Kohlenhydrate **40 g**	Protein **10 g**

Die **ZUTATEN**

195 g gegarter Naturreis

1 TL Reisessig

½ Noriblatt, fein geschnitten

10 g Rotkohl, geraspelt

1 Möhre, gerieben

3 Radieschen, in dünne Scheiben geschnitten

½ Avocado

½ TL schwarze Sesamsamen

½ TL weiße Sesamsamen

1 Limettenspalte (nach Belieben)

Für das Dressing

1 TL Reisessig

1 TL Sojasauce

1 TL Gersten-Miso

½ TL schwarze Sesamsamen

½ TL weiße Sesamsamen

Meersalz und frisch gemahlener schwarzer Pfeffer

Die **ZUBEREITUNG**

1 Den Naturreis in eine Schüssel geben, Reisessig und Nori unterrühren und beiseitestellen.

2 Für das Dressing den Reisessig mit Sojasauce, Gersten-Miso, schwarzen und weißen Sesamsamen in einer Schüssel verrühren. Mit Salz und Pfeffer würzen.

3 Die Naturreismischung in eine Servier-Bowl füllen. Rotkohl, Möhre und Radieschen hinzufügen. Die Avocado in mundgerechte Stücke schneiden und darauf anrichten. Schwarze und weiße Sesamsamen darüberstreuen, mit dem Misodressing beträufeln und nach Belieben die Limettenspalte zum Beträufeln dazu anrichten.

Die **ZUSAMMENSTELLUNG**

Beginnen mit Naturreismischung, Rotkohl, Möhre, Radieschen und Avocado

Weiter mit Sesamsamen und Misodressing

Zum Schluss Limettenspalte

LF

UNTER 400 KCAL

Naturreis & Sashimi-Thunfisch
mit Wassermelone

Zubereitung 10 MIN.

Durch salziges Noriblatt und würzigen Thunfisch umami in seiner Bestform.

Kalorien **358**	Cholesterin **35 mg**	Ballaststoffe **5 g**
Fett insg. **3 g**	Natrium **376 mg**	Zucker **13,5 g**
ges. Fetts. **0,5 g**	Kohlenhydrate **50 g**	Protein **30,5 g**

Die **ZUTATEN**

100 g Sashimi-Thunfisch, in mundgerechte Stücke geschnitten

1 TL Sojasauce

1 Frühlingszwiebel, weißer und grüner Teil getrennt, in feine Ringe geschnitten

1 Prise Sesamsamen

frisch gemahlener schwarzer Pfeffer

195 g gegarter Naturreis

½ Noriblatt, klein geschnitten

1 TL Reisessig

1 Möhre, gerieben

70 g Wassermelone, gewürfelt

4 Radieschen, in dünne Scheiben geschnitten

1 TL eingelegter Ingwer

Die **ZUBEREITUNG**

1 Den Thunfisch in eine Schüssel legen. Sojasauce, weißen Teil der Frühlingszwiebel, Sesamsamen und Pfeffer zugeben und mischen. Beiseitestellen.

2 Den Naturreis in eine zweite Schüssel füllen, Nori und Reisessig unterrühren.

3 Die Naturreismischung in eine Servier-Bowl füllen. Thunfischmischung, Möhre, Wassermelone und Radieschen hinzufügen. Mit dem Frühlingszwiebelgrün bestreuen und mit dem Ingwer garnieren.

Die **ZUSAMMENSTELLUNG**

Beginnen mit Naturreismischung

Weiter mit Thunfischmischung, Möhre, Wassermelone und Radieschen

Zum Schluss Frühlingszwiebelgrün und Ingwer

Schnelle
Bowls

Die folgenden Gerichte sind innerhalb von 30 Minuten auf dem Tisch. Sie schmecken köstlich und machen glücklich – und das mit wenigen Kalorien.

UNTER **300** KCAL

LF GF

Tintenfisch, Möhre & Gurke
mit Safrandressing

Zubereitung 15 MIN. Garzeit 5 MIN.

Tintenfisch ist kalorienarm und passt hervorragend in eine scharfe, knackige und würzige Bowl.

Kalorien **200**	Cholesterin **225 mg**	Ballaststoffe **4,5 g**
Fett insg. **9 g**	Natrium **157 mg**	Zucker **7,5 g**
ges. Fetts. **1,5 g**	Kohlenhydrate **8,5 g**	Protein **19 g**

Die ZUTATEN

150 g Tintenfischtuben, küchenfertig, mit Tentakeln, in Ringe geschnitten

2 TL natives Olivenöl extra

1 Prise Chiliflocken + etwas mehr zum Garnieren

Meersalz und frisch gemahlener schwarzer Pfeffer

140 g Salatgurke, mit einem Gemüseschäler in Bänder geschnitten

140 g Möhren, mit einem Gemüseschäler in Bänder geschnitten

50 g Bohnensprossen

1 Stange Staudensellerie, schräg in Scheiben geschnitten

2 TL Granatapfelkerne

½ Frühlingszwiebel (nur der grüne Teil) in feine Ringe geschnitten

1 Limettenspalte (nach Belieben)

Für das Dressing

1 Prise Safranfäden

2 ½ TL Weißweinessig

Die ZUBEREITUNG

1 Tintenfisch, natives Olivenöl extra und Chiliflocken in einer Schüssel mischen, mit Salz und Pfeffer würzen. Eine Grillpfanne bei hoher Temperatur erhitzen und die Tintenfischmischung darin unter Wenden 1,5 Minuten anbraten, bis der Tintenfisch Farbe angenommen hat. (Achtung: Den Tintenfisch nicht länger braten; er bekommt schnell die Konsistenz von Gummi.) Beiseitestellen.

2 Für das Dressing die Safranfäden in eine Schüssel geben und etwas heißes (nicht kochendes) Wasser zugießen. (Zu viel Safran erschlägt alles andere und kochendes Wasser schadet dem Aroma.) Abkühlen lassen, dann mit dem Weißweinessig verrühren und mit Salz und Pfeffer würzen.

3 Salatgurken- und Möhrenbänder mit etwas Safrandressing mischen.

4 Die Tintenfischmischung in einer Servier-Bowl anrichten. Gurken- und Möhrenbänder hinzufügen, dann Bohnensprossen, Sellerie und Granatapfelkerne dazugeben. Das restliche Dressing darübergeben, mit Chiliflocken und Frühlingszwiebel bestreuen. Nach Belieben die Limettenspalte zum Beträufeln dazu reichen.

Die ZUSAMMENSTELLUNG

Beginnen mit Tintenfischmischung, Gurke, Möhre

Weiter mit Bohnensprossen, Sellerie, Granatapfelkernen

Zum Schluss Safrandressing, Chiliflocken, Frühlingszwiebel und Limette

GF

UNTER **300** KCAL

Thunfischsteak & Cannellini
mit Chicorée & Orange

Zubereitung 5 MIN. Garzeit 5 MIN.

Diese Bowl ist zwar kalorienarm, aber reich an Geschmack und Nährstoffen. Schmeckt jederzeit.

Kalorien **256**	Cholesterin **35 mg**	Ballaststoffe **5,5 g**
Fett insg. **8 g**	Natrium **469 mg**	Zucker **3,5 g**
ges. Fetts. **1 g**	Kohlenhydrate **13 g**	Protein **31 g**

Die ZUTATEN

100 g Thunfischsteak

2 TL natives Olivenöl extra

Meersalz und frisch gemahlener schwarzer Pfeffer

40 g gegarte Cannellini-Bohnen

2 TL Zitronensaft

1 EL fein gehackte glatte Petersilie, + ein paar Blätter zum Garnieren

5 rote oder weiße Chicoréeblätter

3 Orangenscheiben

1 Prise Schwarzkümmelsamen

Für das Dressing

2 TL griechischer Joghurt (0,2 % Fett)

Zesten von 1 Bio-Orange

½ TL Harissa (nach Belieben)

Die ZUBEREITUNG

1 Das Thunfischsteak mit 1 TL nativem Olivenöl extra bestreichen und mit Salz und Pfeffer würzen. Eine Grillpfanne bei hoher Temperatur erhitzen, das Thunfischsteak hineinlegen und von jeder Seite 2–3 Minuten anbraten. (In der Mitte sollte der Fisch noch leicht rosa sein.) Mindestens 5 Minuten ruhen lassen.

2 Cannellini-Bohnen, Zitronensaft, glatte Petersilie und restliches Olivenöl in einer Schüssel mischen und mit Salz und Pfeffer würzen. Beiseitestellen.

3 Für das Dressing Joghurt, Orangenzesten und nach Belieben Harissa in einer Schüssel glatt rühren. Alternativ den Joghurt mit den Orangenzesten verrühren und die Harissa wirbelartig einrühren.

4 Den Thunfisch gegen die Faser in Scheiben schneiden und in einer Servier-Bowl anrichten. Cannellini-Bohnen-Mischung, Chicoréeblätter und Orangenscheiben hinzufügen. Das Dressing dazugeben und den Thunfisch mit den Schwarzkümmelsamen bestreuen.

Die ZUSAMMENSTELLUNG

Beginnen mit
Thunfischsteak

Weiter mit
Cannellini-Bohnen-Mischung, Chicoréeblättern und Orangenscheiben

Zum Schluss
Dressing und Schwarzkümmelsamen

UNTER **600** KCAL

LF GF V

Gazpacho-Salat
mit Chilidressing

Zubereitung 15 MIN. Backzeit 15 MIN.

Hier ist alles drin, was in einen klassischen Gazpacho gehört, doch serviert wird es als bunter, würziger Salat.

Kalorien **583**	Cholesterin **3,4 mg**	Ballaststoffe **14 g**
Fett insg. **28 g**	Natrium **43 mg**	Zucker **15 g**
ges. Fetts. **4,5 g**	Kohlenhydrate **44 g**	Protein **32 g**

Die ZUTATEN

2 Tomaten, geviertelt

1 TL Olivenöl

1 Prise gemahlener Zimt

1 Prise Chiliflocken

Meersalz und frisch gemahlener schwarzer Pfeffer

85 g gegarte Rote Bete, grob gewürfelt

70 g Salatgurke, in Scheiben geschnitten

¼ rote Paprikaschote, entkernt, grob gewürfelt

¼ grüne Paprikaschote, entkernt, grob gewürfelt

1 Stange Staudensellerie, in Scheiben geschnitten

1 Knoblauchzehe, gerieben

1 Frühlingszwiebel (nur der grüne Teil), in dünne Ringe geschnitten

½ Avocado

Saft von 1 Zitrone

einige Basilikumblätter

Für das Dressing

1 TL natives Olivenöl extra

einige Spritzer Chilisauce

Die ZUBEREITUNG

1 Den Backofen bei Ober-/Unterhitze auf 200 °C vorheizen. Tomaten, Olivenöl, Zimt und Chiliflocken in einer ofenfesten Form mischen und mit Salz und Pfeffer würzen. 10–15 Minuten im Ofen rösten, bis die Tomaten aufplatzen. Beiseitestellen.

2 Die Rote Bete mit Salatgurke, roter und grüner Paprikaschote, Sellerie, Knoblauch und Frühlingszwiebel in einer Schüssel mischen.

3 Für das Dressing natives Olivenöl extra und Chilisauce verrühren, dann mit dem Gemüse mischen. Die gerösteten Tomaten zugeben und die Zutaten noch einmal gut vermengen.

4 Die Avocado in mundgerechte Stücke schneiden und mit dem Zitronensaft beträufeln, damit sie nicht braun werden.

5 Den Gazpacho-Salat in eine Servier-Bowl füllen, die Avocado darauf anrichten und alles mit mit den Basilikumblättern bestreuen.

Die ZUSAMMENSTELLUNG

Beginnen mit Gazpacho-Salat

Weiter mit Avocado

Zum Schluss Basilikum

UNTER 400 KCAL

LF

Bulgur & Tomaten
mit Tahin & Kichererbsen

Zubereitung 10 MIN. Garzeit 15 MIN.

Bulgur ist eine bekömmliche Ballaststoffquelle und Tahin verleiht dieser Bowl ein herrlich nussiges Aroma.

Kalorien **341**	Cholesterin **0 mg**	Ballaststoffe **14 g**
Fett insg. **11,5 g**	Natrium **52 mg**	Zucker **15 g**
ges. Fetts. **2 g**	Kohlenhydrate **40 g**	Protein **12 g**

Die ZUTATEN

190 g Bulgur

Meersalz und frisch gemahlener schwarzer Pfeffer

1/4 rote Zwiebel, fein gewürfelt

1 Handvoll Dill, fein gehackt

2 Tomaten, entkernt, fein gehackt

1 TL natives Olivenöl extra

1 Handvoll glatte Petersilie, fein gehackt

55 g gegarte Kichererbsen

Saft von 1/2 Zitrone

1 Möhre, mit einem Gemüseschäler in Bänder geschnitten

1 Handvoll Minzeblätter, gehackt

1 TL Reisessig

1 Frühlingszwiebel, in feine Ringe geschnitten

1 Handvoll Brunnenkresse

Für das Dressing

1 TL natives Olivenöl extra

1 TL Weißweinessig

1 TL Tahin (Sesammus)

1/2 TL Honig

Die ZUBEREITUNG

1. Bulgur und 1 Prise Salz mit 500 ml Wasser in einen Topf geben. Aufkochen und 10–15 Minuten kochen lassen, eventuell noch etwas heißes Wasser dazugeben. Den Bulgur im geschlossenen Topf 5 Minuten abkühlen lassen.

2. Rote Zwiebel, Dill, Tomaten, das native Olivenöl extra und glatte Petersilie zum Bulgur geben und unterrühren. Mit reichlich Salz und Pfeffer würzen.

3. Für das Dressing das native Olivenöl extra in einer Schüssel mit Weißweinessig, Tahin und Honig verrühren, mit Salz und Pfeffer abschmecken.

4. Kichererbsen, Zitronensaft und reichlich Pfeffer in einer weiteren Schüssel mischen.

5. Möhre, Minzeblätter, Reisessig, Frühlingszwiebel, Salz und Pfeffer in einer weiteren Schüssel vermengen.

6. Den Bulgur mit einer Gabel auflockern und in eine Servier-Bowl füllen. Brunnenkresse, Kichererbsenmischung und Möhrenmischung hinzufügen. Zum Schluss das Tahindressing darübergeben.

Die ZUSAMMENSTELLUNG

Beginnen mit
Bulgur

Weiter mit
Brunnenkresse, Kichererbsenmischung und Möhrenmischung

Zum Schluss
Tahindressing

LF GF

UNTER **600** KCAL

Kürbis & Chipotle-Bohnen
mit gebackenem Ei

Zubereitung 10 MIN. Back-/Garzeit 20 MIN.

Diese scharf-würzige Bowl ist ein richtiges Wohlfühlessen und dabei ganz leicht zubereitet.

Kalorien **425**	Cholesterin **213 mg**	Ballaststoffe **11 g**
Fett insg. **10,5 g**	Natrium **118 mg**	Zucker **9 g**
ges. Fetts. **2 g**	Kohlenhydrate **54 g**	Protein **23 g**

Die ZUTATEN

1 Chipotle-Chilischote (geräucherte Jalapeño-Chilischote)

135 g Butternusskürbis, geschält, grob gewürfelt

¼ rote Paprikaschote, entkernt, grob gewürfelt

1 TL Olivenöl

Meersalz und frisch gemahlener schwarzer Pfeffer

6 Cherrytomaten

1 Frühlingszwiebel, grob in Ringe geschnitten

1 TL Apfelessig

165 g gegarte Schwarzaugenbohnen, Pintobohnen oder eine Mischung

100 g gegarter Naturreis

1 Ei

30 g Babyspinatblätter

einige Korianderblätter (nach Belieben)

Die ZUBEREITUNG

1. Den Backofen bei Ober-/Unterhitze auf 200 °C vorheizen. Die Chipotle-Chilischote in eine große Tasse legen, mit warmem Wasser bedecken und 10 Minuten einweichen. Abseihen.

2. Kürbis, rote Paprikaschote und Olivenöl in einer ofenfesten Form mischen, mit Salz und Pfeffer würzen. Im Ofen 15 Minuten weich garen. Beiseitestellen.

3. Tomaten, Frühlingszwiebel, Apfelessig und Chipotle-Chilischote in einen Mixer geben und pürieren. Die Masse in einen Topf füllen, mit Salz und Pfeffer würzen. Bei schwacher Hitze 5–10 Minuten köcheln lassen. Die Bohnen unterrühren.

4. Die Bohnenmischung in eine ofenfeste Form oder eine Pfanne geben. Naturreis, Kürbis und rote Paprikaschote hinzufügen. Das Ei darauf aufschlagen, einen Deckel auflegen und das Ganze im Ofen 3 Minuten backen, bis das Ei gar ist.

5. Das Ganze in eine Servier-Bowl füllen, den Spinat zugeben und nach Belieben mit den Korianderblättern bestreuen.

Die ZUSAMMENSTELLUNG

Beginnen mit Kürbis-Bohnen-Ei-Mischung

Weiter mit Spinatblättern

Zum Schluss Korianderblätter

UNTER **600** KCAL

LF

Räuchermakrele & Kohl
mit Orange & Miso

Zubereitung 10 MIN. Garzeit 20 MIN.

Makrele und Orange sind ein fantastisches Paar, sie liefern Omega-3-Fettsäuren und Vitamin C.

Kalorien **491**	Cholesterin **19 mg**	Ballaststoffe **6 g**
Fett insg. **20 g**	Natrium **425 mg**	Zucker **11 g**
ges. Fetts. **3,5 g**	Kohlenhydrate **59 g**	Protein **16 g**

Die ZUTATEN

100 g Mischung aus rotem Camargue- und Wildreis

20 g Rotkohl, fein geraspelt

1 Handvoll Korianderblätter, gehackt + einige ganze Blätter zum Anrichten

100 g Bohnensprossen

½ Noriblatt, in feine Streifen geschnitten

40 g geräucherte Makrele (ohne Haut), klein gezupft

½ Orange, filetiert

Für das Dressing

1 TL natives Olivenöl extra

Saft von ½ Orange

1 Stück frischer Ingwer (6,5 cm), klein gehackt oder gerieben

Meersalz und frisch gemahlener schwarzer Pfeffer

1 TL Gersten-Miso

Die ZUBEREITUNG

1 Den Reis mit 500 ml Wasser in einen Topf geben und aufkochen, dann bei schwacher Hitze 15–20 Minuten (oder nach Packungsangabe) sanft köcheln lassen, bis der Reis weich ist und die Flüssigkeit ganz aufgenommen hat. Den geschlossenen Topf beiseitestellen.

2 Für das Dressing das native Olivenöl extra mit Orangensaft und Ingwer in einer Schüssel verrühren, mit Salz und Pfeffer abschmecken. Eine Hälfte abnehmen, die zweite Dressinghälfte mit dem Gersten-Miso verrühren. Das Misodressing abschmecken und falls nötig mit Salz und Pfeffer nachwürzen.

3 Den Rotkohl mit der Hälfte des gehackten Korianders und der beiseitegestellten Hälfte des Orangen-Dressings verrühren.

4 Den Reis mit dem restlichen gehackten Koriander mischen und in eine Servier-Bowl füllen. Bohnensprossen, Noriblatt, Rotkohlmischung, Makrele und Orangenfilets dazugeben. Das Orangen-Miso-Dressing darüberträufeln und alles mit den ganzen Korianderblättern bestreuen.

Die ZUSAMMENSTELLUNG

Beginnen mit Mischung aus rotem Camargue- und Wildreis

Weiter mit Bohnensprossen, Noriblatt, Rotkohlmischung, Makrele und Orangenfilets

Zum Schluss Orangen-Miso-Dressing und Korianderblätter

LF GF

UNTER **600** KCAL

Grünkohl & pochierter Lachs
mit Paprika-Salsa

Zubereitung 15 MIN. Garzeit 15 MIN.

In den Zutaten dieser Bowl – Grünkohl, Paprika, fetter Fisch und Mandeln – stecken viele Nährstoffe.

Kalorien **500**	Cholesterin **84 mg**	Ballaststoffe **7 g**
Fett insg. **25 g**	Natrium **267 mg**	Zucker **3 g**
ges. Fetts. **4 g**	Kohlenhydrate **33 g**	Protein **33 g**

Die ZUTATEN

1 TL Mandelblättchen

125 g Lachsfilet (ohne Haut)

40 g Grünkohl, dicke Stiele entfernt, Blätter gehackt

100 g gegarte Quinoa-Naturreis-Mischung

1 Prise Paprikapulver

Für die Salsa

60 g rote Paprikaschote, entkernt, fein gehackt

¼ Salatgurke, entkernt, fein gehackt

1 Frühlingszwiebel, weißer und grüner Teil getrennt, fein gehackt

½ Knoblauchzehe, fein gehackt oder gerieben

1 Prise Paprikapulver

2 TL Rotweinessig

Meersalz und frisch gemahlener schwarzer Pfeffer

Die ZUBEREITUNG

1 Die Mandelblättchen in eine kleine Pfanne geben und bei mittlerer Hitze unter Rühren ohne Fett rösten, bis sie Farbe angenommen haben und zu duften beginnen. Auf einem Teller abkühlen lassen.

2 Das Lachsfilet in eine Pfanne legen und mit Wasser bedecken. Einen Deckel auflegen und den Lachs 10 Minuten sanft köcheln lassen, bis das Fleisch weich und hellrosa ist. Vorsichtig mit einem Pfannenheber herausnehmen und abkühlen lassen. Anschließend in mundgerechte Stücke teilen und beiseitelegen.

3 Für die Salsa rote Paprikaschote, Salatgurke, weiße Frühlingszwiebel, Knoblauch, Paprikapulver und Rotweinessig in einer Schüssel verrühren und mit Salz und Pfeffer würzen.

4 In der Zwischenzeit den Grünkohl in etwa 10 Minuten weich dämpfen. (Den Grünkohl nicht zu lange garen, damit so viel Nährstoffe wie möglich erhalten bleiben.)

5 Die Quino-Naturreis-Mischung in eine Servier-Bowl füllen. Grünkohl und Lachs darauf anrichten. Die Paprika-Salsa darübergeben und das Ganze mit Frühlingszwiebelgrün, gerösteten Mandelblättchen und Paprikapulver bestreuen.

Die ZUSAMMENSTELLUNG

Beginnen mit
Quinoa-Naturreis-Mischung, Grünkohl und Lachs

Weiter mit
Paprika-Salsa

Zum Schluss
Frühlingszwiebelgrün, Mandelblättchen und Paprikapulver

UNTER **600** KCAL

LF

Kräuter-Puten-Taboulé
mit Pistazien

Zubereitung 10 MIN.   Garzeit 5 MIN.

Mageres Putenfleisch und nussiger Bulgur werden mit Kräutern, Sumach und süßen Granatapfelkernen gepaart.

Kalorien **466**	Cholesterin **57 mg**	Ballaststoffe **9 g**
Fett insg. **16 g**	Natrium **133 mg**	Zucker **3 g**
ges. Fetts. **2,5 g**	Kohlenhydrate **37 g**	Protein **38 g**

Die **ZUTATEN**

100 g Putenbrustfilet

1 TL Olivenöl

Meersalz und frisch gemahlener schwarzer Pfeffer

200 g gegarter Bulgur

1 Handvoll glatte Petersilie, fein gehackt

1 Handvoll Minzeblätter, fein gehackt

1 Handvoll Dill, fein gehackt

2 TL Granatapfelkerne

1 Prise Sumach

Saft von ½ Zitrone

1 Handvoll Babyspinatblätter

10 Pistazien, fein gehackt

½ TL Harissa

Die **ZUBEREITUNG**

1 Das Putenbrustfilet mit dem Olivenöl bestreichen und mit etwas Salz und Pfeffer würzen. Eine Grillpfanne bei hoher Temperatur erhitzen und das Putenfleisch darin 2–3 Minuten anbraten, dann wenden und weitere 2–3 Minuten von der anderen Seite braten. Dann sollte das Fleisch gar sein. Ruhen lassen.

2 Den Bulgur mit Petersilie, Minze und Dill in einer Schüssel mischen. Mit Salz und Pfeffer würzen. Granatapfelkerne, Sumach und Zitronensaft unterrühren.

3 Das Putenfleisch schräg in Streifen schneiden und mit der Bulgurmischung in eine Servier-Bowl anrichten. Die Spinatblätter hinzufügen, anschließend alles mit Pistazien bestreuen und mit der Harissa beträufeln.

Die **ZUSAMMENSTELLUNG**

Beginnen mit Pute und Taboulé

Weiter mit Spinatblättern

Zum Schluss Pistazien und Harissa

LF GF V

UNTER **600** KCAL

Grüne Linsen & Naturreis
mit Tomaten-Chili-Salsa

Zubereitung **10 MIN.** Garzeit **15 MIN.**

Die fruchtige Salsa harmoniert mit den erdigen Linsen, dem herzhaften Reis und dem knusprig gerösteten Brokkoli.

Kalorien **438**	Cholesterin **0 mg**	Ballaststoffe **11,5 g**
Fett insg. **6 g**	Natrium **18 mg**	Zucker **18,5 g**
ges. Fetts. **1 g**	Kohlenhydrate **74 g**	Protein **16,5 g**

Die ZUTATEN

90 g Naturreis

Meersalz und frisch gemahlener schwarzer Pfeffer

85 g Brokkoliröschen

1 TL Olivenöl

100 g gegarte grüne Linsen

1 TL Rosinen

1 Handvoll Dill, fein gehackt

1 Orange, 1 Hälfte entsaftet, die andere filetiert

einige Korianderblätter

Für die Salsa

2 Tomaten, entkernt, gehackt

½ rote Zwiebel, fein gehackt

½ rote Chilischote, entkernt, fein gehackt

1 Handvoll Korianderblätter

Saft von ½ Limette

1 TL Olivenöl

Die ZUBEREITUNG

1 Den Reis mit 360 ml Wasser und 1 Prise Salz in einen Topf geben und zum Kochen bringen. Bei schwacher Hitze zugedeckt 10–15 Minuten (oder nach Packungsangabe) sanft köcheln lassen, bis das Wasser vollständig absorbiert und der Reis weich ist. Im geschlossenen Topf beiseitestellen.

2 In der Zwischenzeit den Backofen bei Ober-/Unterhitze auf 200 °C vorheizen. Brokkoli und Olivenöl in einem Bräter mischen und mit Salz und Pfeffer würzen. Im Ofen 10–15 Minuten rösten und anschließend beiseitestellen.

3 Für die Salsa die Tomaten mit roter Zwiebel, roter Chilischote, Korianderblättern, Limettensaft und Olivenöl in einer Schüssel verrühren und mit Salz und Pfeffer abschmecken. (Ergibt 2 Portionen. Die zweite Portion hält sich luftdicht verschlossen 3 Tage im Kühlschrank.)

4 Grüne Linsen, Rosinen, Dill und Orangensaft in einer Schüssel verrühren und mit Salz und Pfeffer würzen.

5 Den Reis in eine Servier-Bowl füllen, Linsenmischung und Brokkoli dazugeben. Die Salsa darübergeben, mit den Orangenfilets belegen und mit den Korianderblättern bestreuen.

Die ZUSAMMENSTELLUNG

Beginnen mit Naturreis, Linsenmischung und Brokkoli

Weiter mit Tomaten-Chili-Salsa

Zum Schluss Orangenfilets und Korianderblätter

UNTER **600** KCAL

Pute & Mango
mit Mais-Avocado-Dressing

Zubereitung **15 MIN.** Garzeit **10 MIN.**

Das magere Putenfleisch passt sehr gut zur süßlich-saftigen Mango und den gegrillten Zucchinibändern.

Kalorien **583**	Cholesterin **3,4 mg**	Ballaststoffe **14 g**
Fett insg. **28 g**	Natrium **43 mg**	Zucker **15 g**
ges. Fetts. **4,5 g**	Kohlenhydrate **44 g**	Protein **32 g**

Die ZUTATEN

125 g Putenbrustfilet

1 TL Olivenöl

Meersalz und frisch gemahlener schwarzer Pfeffer

140 g Zucchini, mit einem Gemüseschäler längs in dünne Bänder geschnitten

½ Avocado

Saft von 1 Zitrone

55 g Zuckermais

150 g Mischung aus Dinkel, Quinoa, rotem Reis und Wildreis

55 g Mango, gewürfelt

einige Korianderblätter

¼ rote Chilischote, klein geschnitten (nach Belieben)

1 Limettenspalte

Für das Dressing

1 TL natives Olivenöl extra

¼ TL Weißweinessig

2 TL griechischer Joghurt (0,2 % Fett)

1 Handvoll Korianderblätter, fein gehackt

Die ZUBEREITUNG

1. Das Putenfleisch mit ½ TL Olivenöl bestreichen und mit Salz und Pfeffer einreiben.
2. Eine Grillpfanne bei hoher Temperatur erhitzen, die Zucchinibänder mit dem restlichen Olivenöl hineingeben und mit Salz und Pfeffer würzen. Die Zucchini von jeder Seite 1 Minute anbraten. Herausnehmen und beiseitestellen. Die Pfanne säubern und wieder erhitzen. Das Putenfleisch von jeder Seite 3–4 Minuten anbraten und anschließend 5 Minuten ruhen lassen.
3. Für das Dressing das native Olivenöl extra mit Weißweinessig, Joghurt und Korianderblättern in einer Schüssel verrühren, mit Salz und Pfeffer würzen.
4. Die Avocado in mundgerechte Stücke schneiden und in einer weiteren Schüssel mit dem Zitronensaft mischen, damit sie nicht braun wird. Den Zuckermais hinzufügen und alles mit Salz und Pfeffer würzen.
5. Das Putenfleisch in Streifen schneiden und in eine Servier-Bowl geben. Zucchini, Mais- und Dinkelmischung sowie Mango hinzufügen. Das Dressing darübergeben und alles mit den Korianderblättern und nach Belieben mit der roten Chilischote bestreuen. Mit der Limettenspalte zum Beträufeln anrichten.

Die ZUSAMMENSTELLUNG

Beginnen mit
Putenfleisch, Zucchini, Zuckermaismischung, Dinkelmischung und Mango

Weiter mit
Joghurtdressing, Korianderblättern und roter Chilischote

Zum Schluss
Limettenspalte

UNTER **600** KCAL

LF GF

Pute & Quinoa-Reis
mit Ananas & Kokosnuss

Zubereitung **10 MIN.** Garzeit **15 MIN.**

Ein köstlicher, süß-herzhafter Mix, dazu die Schärfe von Harissa: eine wohltuende Bowl.

Kalorien **429**	Cholesterin **34 mg**	Ballaststoffe **14 g**
Fett insg. **8,5 g**	Natrium **16 mg**	Zucker **7,5 g**
ges. Fetts. **7,5 g**	Kohlenhydrate **43 g**	Protein **23,5 g**

Die **ZUTATEN**

125 g Putenbrustfilet

Meersalz und schwarze Pfefferkörner

200 g gegarte Mischung aus Quinoa und Naturreis

60 g Ananas, fein gewürfelt

einige Thymianblätter

½ TL Harissa

1 kleine Handvoll Minzeblätter, die Hälfte gehackt, der Rest ganz

50 g frische Kokosnussstücke

1 Prise Chiasamen

1 Frühlingszwiebel (nur den hellen Teil), in feine Ringe geschnitten

Die **ZUBEREITUNG**

1 Das Putenbrustfilet mit etwas Salz und einigen schwarzen Pfefferkörnern in einem Topf mit kaltem Wasser bedecken. Kurz aufkochen, dann bei schwacher bis mittlerer Hitze 15 Minuten garen, bis das Fleisch durch ist. (Sticht man mit der Spitze eines Küchenmessers hinein, sollten klare Säfte austreten.) Das Fleisch aus dem Topf nehmen und beiseitestellen, nach dem Abkühlen zerkleinern.

2 Die Quinoa-Naturreis-Mischung mit Ananas, Thymianblättern, ¼ TL Harissa und der gehackten Minze in einer Schüssel mischen.

3 Das Fleisch in eine Servier-Bowl geben. Die Quinoa-Naturreis-Mischung hinzufügen, dann Kokosnuss und restliche Harissa darauf anrichten. Mit Chiasamen, Minzeblättern und Frühlingszwiebel bestreuen.

Die **ZUSAMMENSTELLUNG**

Beginnen mit
Putenfleisch

Weiter mit
Quinoa-Naturreis-Mischung, Kokosnuss und Harissa

Zum Schluss
Chiasamen, Minzeblätter, Frühlingszwiebel

UNTER **600** KCAL

GF

Blumenkohl-Couscous
mit Tomaten-Rosinen-Salat & Tahin

Zubereitung 15 MIN. Röstzeit 15 MIN.

Durch das Rösten schmeckt Blumenkohl süßlich-nussig, eine Low-Carb-Alternative zu Couscous.

Kalorien **427**	Cholesterin **0 mg**	Ballaststoffe **16 g**
Fett insg. **16 g**	Natrium **38 mg**	Zucker **23 g**
ges. Fetts. **2,5 g**	Kohlenhydrate **42 g**	Protein **22 g**

Die ZUTATEN

85 g Blumenkohlröschen

1 TL Olivenöl

Meersalz und frisch gemahlener schwarzer Pfeffer

1 TL Sumach

85 g gegarte Kichererbsen

1 TL Kürbiskerne

1 Handvoll Minzeblätter

1 TL gehackte Pistazien

¼ grüne Chilischote, entkernt, klein geschnitten

1 Zitronenspalte (nach Belieben)

Für den Salat

3 EL Rosinen

1 TL Kapern

1 Tomate, fein gewürfelt

½ Frühlingszwiebel (nur der weiße Teil), fein gehackt

Für das Dressing

1 EL griechischer Joghurt (0,2 % Fett)

2 TL Tahin (Sesammus)

Saft von ¼ Zitrone

Die ZUBEREITUNG

1 Den Backofen bei Ober-/Unterhitze auf 200 °C vorheizen. Blumenkohlröschen und Olivenöl in einer ofenfesten Form mischen und mit Salz und Pfeffer würzen. 10–15 Minuten im Ofen rösten, bis der Blumenkohl weich und leicht gebräunt ist. 2–3 Minuten abkühlen lassen, dann mit dem Sumach in einem Mixer hacken, bis der Blumenkohl die Konsistenz von Couscous hat. Beiseitestellen.

2 Für den Salat die Rosinen mit Kapern, Tomate und Frühlingszwiebel in einer Schüssel vermengen, mit Salz und Pfeffer abschmecken und beiseitestellen.

3 Für das Dressing Joghurt, Tahin und Zitronensaft in einer Schüssel verrühren, mit Salz und Pfeffer abschmecken. (Ergibt 2 Portionen. Luftdicht verschlossen hält sich die zweite Portion 2 Tage im Kühlschrank.)

4 Den Blumenkohl-Couscous in eine Servier-Bowl füllen. Kichererbsen und Tomaten-Rosinen-Salat darauf anrichten, das Tahindressing darübergeben. Mit Kürbiskernen, Minzeblättern, Pistazien, grüner Chilischote und nach Belieben der Zitronenspalte zum Beträufeln garnieren.

Die ZUSAMMENSTELLUNG

Beginnen mit Blumenkohl, Kichererbsen, Tomaten-Rosinen-Salat und Tahindressing

Weiter mit Kürbiskernen, Minzeblättern, Pistazien, grüner Chilischote

Zum Schluss Zitronenspalte

UNTER 400 KCAL

LF GF V

Grüne Linsen & Sauerkirschen
mit pikanter Salatgurke

Zubereitung 5 MIN. Garzeit 10 MIN.

Linsen und Dicke Bohnen liefern wichtige Nährstoffe, die Gurke Biss und Kirschen und Minze das gewisse Etwas.

Kalorien **317**	Cholesterin **0 mg**	Ballaststoffe **15 g**
Fett insg. **8,5 g**	Natrium **19 mg**	Zucker **9 g**
ges. Fetts. **1 g**	Kohlenhydrate **35 g**	Protein **17,5 g**

Die ZUTATEN

100 g feine grüne Bohnen, geputzt

Meersalz und frisch gemahlener schwarzer Pfeffer

1 TL Olivenöl

1 Zucchini, längs halbiert, in kleine Stifte geschnitten

1 Handvoll Dill, fein gehackt

60 g gegarte Dicke Bohnen, nach Belieben geschält

1 Handvoll Minzeblätter, gehackt, + einige ganze Blätter

100 g gegarte grüne Linsen

1 TL getrocknete Sauerkirschen, gehackt

1/2 Salatgurke, längs halbiert, in Scheiben geschnitten

1/2 TL Weißweinessig

Für das Dressing

1 TL natives Olivenöl extra

1 TL Weißweinessig

1 Prise Paprikapulver

Die ZUBEREITUNG

1. Die grünen Bohnen in einen Topf mit kochendem Salzwasser geben und etwa 4 Minuten kochen. Abseihen, mit kaltem Wasser abschrecken und abtropfen lassen.

2. Das Olivenöl bei mittlerer Temperatur in einer Pfanne erhitzen. Die Zucchini mit etwas Salz und Pfeffer würzen und 4 Minuten unter Rühren anbraten. Grüne Bohnen und Dill hinzufügen und weitere 2 Minuten braten. Beiseitestellen.

3. Für das Dressing das native Olivenöl extra mit Weißweinessig und Paprikapulver in einer Schüssel verrühren, mit Salz und Pfeffer abschmecken. Mit Dicken Bohnen und gehackter Minze mischen.

4. Grüne Linsen und getrocknete Sauerkirschen in einer weiteren Schüssel mischen, mit Salz und Pfeffer würzen.

5. Salatgurke, Weißweinessig und ganze Minzeblätter in einer Schüssel verrühren, mit Salz und Pfeffer würzen.

6. Die Linsen-Kirsch-Mischung in eine Servier-Bowl füllen. Zucchini-Bohnen-Mischung und Dicke-Bohnen-Mischung hinzufügen. Die Salatgurken-Minze-Mischung daraufgeben.

Die ZUSAMMENSTELLUNG

Beginnen mit Linsen-Kirsch-Mischung

Weiter mit Zucchini,-Bohnen-Mischung und Dicke-Bohnen-Mischung

Zum Schluss Salatgurken-Minze-Mischung

LF V

UNTER **400** KCAL

Ingwer-Soja-Naturreis
mit knusprigem Brattofu

Zubereitung **5 MIN.** Garzeit **5 MIN.**

In Öl gebraten, wird Tofu knusprig, zudem nimmt er all die köstlichen asiatischen Aromen auf.

Kalorien **398**	Cholesterin **0 mg**	Ballaststoffe **6,5 g**
Fett insg. **14,5 g**	Natrium **575 mg**	Zucker **7,5 g**
ges. Fetts. **2,5 g**	Kohlenhydrate **43 g**	Protein **21 g**

Die ZUTATEN

1 TL Olivenöl

180 g Tofu, klein gewürfelt

1 TL Sojasauce

200 g gegarter Naturreis

¼ Frühlingszwiebel, in feine Ringe geschnitten

1 Stück frischer Ingwer (2,5 cm), gerieben

3 Radieschen, in Scheiben geschnitten

50 g Zuckerschoten, schräg in feine Scheiben geschnitten

1 Prise Sesamsamen

einige Korianderblätter

Für das Dressing

1 TL Sojasauce

Saft von ½ Zitrone

½ TL Mirin (süßer jap. Reiswein)

Meersalz und frisch gemahlener schwarzer Pfeffer

Die ZUBEREITUNG

1 Das Olivenöl in einem Wok oder einer Pfanne bei mittlerer Temperatur erhitzen. Tofu und Sojasauce in einer Schüssel mischen und in den heißen Wok oder die heiße Pfanne geben. 3–5 Minuten unter häufigem Rühren anbraten, bis der Tofu gebräunt und knusprig ist. Mit einem Schaumlöffel herausnehmen und zum Abtropfen auf einen mit Küchenpapier belegten Teller geben.

2 Für das Dressing Sojasauce, Zitronensaft und Mirin in einer Schüssel verrühren, mit Salz und Pfeffer würzen.

3 Naturreis, Frühlingszwiebel, Ingwer und die Hälfte des Dressings in einer Schüssel mischen. Die Reismischung in eine Servier-Bowl füllen. Tofu, Radieschen und Zuckerschoten darauf anrichten. Sesamsamen und Korianderblätter darüberstreuen und alles mit dem restlichen Dressing beträufeln.

Die ZUSAMMENSTELLUNG

Beginnen mit Naturreis, Tofu, Radieschen und Zuckerschoten

Weiter mit Sesamsamen und Korianderblättern

Zum Schluss Sojasaucendressing

UNTER **600** KCAL

Dinkel, Grünkohl & Brokkoli
mit Bohnen & Erbsen

Zubereitung **5 MIN.** Gar-/Backzeit **10 MIN.**

Dinkel, eine alte Weizenart, harmoniert gut mit grünem Gemüse und ist sehr nährstoffreich.

Kalorien **529**	Cholesterin **0 mg**	Ballaststoffe **18 g**
Fett insg. **20 g**	Natrium **190 mg**	Zucker **11 g**
ges. Fetts. **3,5 g**	Kohlenhydrate **55 g**	Protein **24 g**

Die ZUTATEN

85 g Brokkoliröschen

1 TL Olivenöl

1 TL gemahlene Kurkuma

Meersalz und frisch gemahlener schwarzer Pfeffer

30 g Grünkohl, dicke Stiele entfernt, Blätter gehackt

145 g Erbsen (TK, aufgetaut)

60 g gegarte Dicke Bohnen

100 g gegarter Dinkel

1 Tomate, entkernt, gewürfelt

2 TL griechischer Joghurt (0,2 % Fett)

6 Cashewkerne, grob gehackt

½ grüne Chilischote, entkernt, in feine Ringe geschnitten

1 Prise Schwarzkümmelsamen

1 Limettenspalte (nach Belieben)

Die ZUBEREITUNG

1 Den Backofen bei Ober-/Unterhitze auf 200 °C vorheizen. Brokkoli, Olivenöl und Kurkuma in einer ofenfesten Form mischen, mit Salz und Pfeffer würzen. 10 Minuten im Ofen garen, bis der Brokkoli leicht gebräunt ist.

2 In der Zwischenzeit den Grünkohl über kochendem Wasser 10 Minuten dämpfen, anschließend mit Erbsen, Dicken Bohnen und Brokkoli mischen.

3 Den Dinkel in eine Servier-Bowl füllen. Brokkolimischung, Tomate und Joghurt hinzugeben. Mit Cashewkernen, grüner Chilischote und Schwarzkümmelsamen bestreuen. Nach Belieben die Limettenspalte zum Beträufeln dazu reichen.

Die ZUSAMMENSTELLUNG

Beginnen mit
Dinkel

Weiter mit
Brokkolimischung, Tomate und Joghurt

Zum Schluss
Cashewkerne, grüne Chilischote, Schwarzkümmelsamen und Limettenspalte

LF V UNTER **400** KCAL

Dinkel & Röstblumenkohl
mit Sumachdressing

Zubereitung 15 MIN. Backzeit 15 MIN.

Orientalische Zutaten vereinen sich hier mit erdigen Linsen zu einem köstlichen gesunden Mahl.

Kalorien **360**	Cholesterin **0 mg**	Ballaststoffe **9 g**
Fett insg. **14 g**	Natrium **149 mg**	Zucker **14 g**
ges. Fetts. **2 g**	Kohlenhydrate **41 g**	Protein **13 g**

Die **ZUTATEN**

1 TL Berberitzenbeeren

1/2 kleiner Blumenkohl, in Röschen geteilt

1 TL Olivenöl

Meersalz und frisch gemahlener schwarzer Pfeffer

60 g Babyspinatblätter

1/2 rote Zwiebel, in feine Ringe geschnitten

1 TL Kapern

100 g gegarter Dinkel

1 TL Mandelblättchen, geröstet (s. S. 129)

1 TL Granatapfelkerne

1 Handvoll Dillspitzen, fein gehackt

Für das Dressing

1 TL natives Olivenöl extra

1 TL Weißweinessig

1 Prise Sumach

Die **ZUBEREITUNG**

1 Den Backofen bei Ober-/Unterhitze auf 200 °C vorheizen. Die Berberitzenbeeren in einer Tasser mit Wasser bedeckt 5 Minuten einweichen. Abseihen und abtropfen lassen.

2 Blumenkohl und Olivenöl in einer ofenfesten Form mischen, mit Salz und Pfeffer würzen. 10–15 Minuten im Ofen rösten, bis der Blumenkohl leicht gebräunt ist. Aus dem Ofen nehmen, den Blumenkohl in eine Schüssel geben und 2–3 Minuten abkühlen lassen. Spinat, rote Zwiebel und Kapern untermengen.

3 Für das Dressing das native Olivenöl extra mit Weißweinessig und Sumach in einer Schüssel verquirlen, mit Salz und Pfeffer würzen.

4 Den Dinkel in eine Servier-Bowl füllen und die Blumenkohlmischung dazugeben. Mandelblättchen, Berberitzen, Granatapfelkerne und Dill darüberstreuen und das Ganze mit dem Sumachdressing beträufeln.

Die **ZUSAMMENSTELLUNG**

Beginnen mit
Dinkel und Blumenkohlmischung

Weiter mit
Mandelblättchen, Berberitzen, Granatapfelkernen und Dill

Zum Schluss
Sumachdressing

UNTER **600** KCAL

LF GF

Thunfischsteak
mit Ingwer-Dressing & Zitrusfrüchten

Zubereitung 10 MIN. Garzeit 5 MIN.

Zitrusfrüchte liefern Geschmack ohne Kalorien und passen perfekt zu Reis und Thunfisch.

Kalorien **587**	Cholesterin **35 mg**	Ballaststoffe **11 g**
Fett insg. **21 g**	Natrium **80 mg**	Zucker **20 g**
ges. Fetts. **4 g**	Kohlenhydrate **57 g**	Protein **37 g**

Die ZUTATEN

100 g Thunfischsteak

1 TL Olivenöl

Meersalz und frisch gemahlener schwarzer Pfeffer

1 rosa Grapefruit, geschält

1 Orange, geschält

1/2 kleine Avocado

200 g gegarter Naturreis

50 g Edamame-Bohnen (TK, aufgetaut)

1 Handvoll Kresse

Für das Dressing

1 TL natives Olivenöl extra

1/2 TL Weißweinessig

1 Stück frischer Ingwer (1,5 cm), gerieben oder fein gehackt

Die ZUBEREITUNG

1 Das Thunfischsteak mit dem Olivenöl bestreichen und mit Salz und Pfeffer würzen. Eine Grillpfanne bei hoher Temperatur erhitzen und das Steak darin von jeder Seite 1–2 Minuten anbraten. (In der Mitte sollte das Steak noch rosa sein.) Aus der Pfanne nehmen und 5 Minuten ruhen lassen, dann in mundgerechte Stücke schneiden.

2 Für das Dressing das native Olivenöl extra mit Weißweinessig und Ingwer in einer Schüssel verrühren, mit Salz und Pfeffer abschmecken.

3 Grapefruit und Orange über einer Schüssel filetieren, den Saft auffangen. Die Avocado in mundgerechte Stücke schneiden, dann mit dem Zitrussaft mischen, um ein Verfärben zu verhindern.

4 Den Naturreis in eine Servier-Bowl füllen. Thunfisch, Avocado, Edamame und Kresse darauf anrichten. Mit Grapefruit- und Orangenfilets garnieren und mit dem Ingwerdressing beträufeln.

Die ZUSAMMENSTELLUNG

Beginnen mit
Naturreis

Weiter mit
Thunfisch, Avocado, Edamame und Kresse

Zum Schluss
Grapefruit- und Orangenfilets, Ingwerdressing

LF GF

UNTER **600** KCAL

Gegrillter Tintenfisch & Fenchel
mit Tomaten-Guacamole

Zubereitung 15 MIN. Garzeit 15 MIN.

Gegrillter Tintenfisch ist kalorienarm und schmeckt gut zu Fenchel und Tomaten-Guacamole.

Kalorien **461**	Cholesterin **225 mg**	Ballaststoffe **8 g**
Fett insg. **21 g**	Natrium **136 mg**	Zucker **3 g**
ges. Fetts. **4,5 g**	Kohlenhydrate **41 g**	Protein **23 g**

Die **ZUTATEN**

¼ Fenchelknolle, längs in Scheiben geschnitten

1 TL Olivenöl

1 Handvoll glatte Petersilie, fein gehackt

100 g kleine Calamari, küchenfertig, Tuben geöffnet und innen kreuzweise eingeritzt

1 Prise Chiliflocken

200 g gegarter Naturreis

1 Handvoll Rucola

Für die Guacamole

1 Avocado

1 Tomate, fein gehackt

Saft von 1 Limette

1 Handvoll Korianderblätter, fein gehackt + einige ganze Blätter zum Garnieren

Meersalz und frisch gemahlener schwarzer Pfeffer

Die **ZUBEREITUNG**

1 Für die Guacamole die Avocado schälen, entsteinen und das Fruchtfleisch mit Tomate, Limettensaft und gehacktem Koriander in einer Schüssel leicht zerdrücken, dann mit Salz und Pfeffer abschmecken. (Ergibt 2 Portionen. Die zweite Portion hält sich luftdicht verschlossen 2 Tage im Kühlschrank.)

2 Den Fenchel mit ½ TL Olivenöl in einer Schüssel mischen, dann mit Salz und Pfeffer würzen. Eine Grillpfanne bei hoher Temperatur erhitzen, den Fenchel hineinlegen und 5 Minuten von jeder Seite anbraten, bis Grillstreifen zu erkennen sind. Den Fenchel herausnehmen, zurück in die Schüssel geben, und die glatte Petersilie untermischen. Beiseitestellen und die Grillpfanne säubern.

3 Die Calamari mit dem restlichen Olivenöl in einer Schüssel mischen, mit Chiliflocken, Salz und Pfeffer würzen. Die Grillpfanne wieder erhitzen. Die Calamari darin von jeder Seite 2 Minuten anbraten, bis sie Grillstreifen bekommen. Herausnehmen.

4 Den Naturreis in eine Servier-Bowl füllen. Rucola, Fenchel und Calamari hinzufügen. Die Guacamole daraufgeben und alles mit den ganzen Korianderblättern bestreuen.

Die **ZUSAMMENSTELLUNG**

Beginnen mit Naturreis

Weiter mit Rucola, Fenchel, Calamari

Zum Schluss Tomaten-Guacamole und Korianderblätter

UNTER **600** KCAL

LF

Hähnchen-Ei-Oyakodon
mit Jasminreis

Zubereitung **15 MIN.** Garzeit **20 MIN.**

In dieser supergesunden Bowl schwimmen Reis und zartes Hühnchen in einer nahrhaften Brühe mit Algen.

Kalorien **437**	Cholesterin **301 mg**	Ballaststoffe **5 g**
Fett insg. **7 g**	Natrium **804 mg**	Zucker **6 g**
ges. Fetts. **2 g**	Kohlenhydrate **55 g**	Protein **45 g**

Die ZUTATEN

2 Frühlingszwiebeln (nur der grüne Teil), 1 längs in Streifen, 1 in feine Ringe geschnitten

100 g Jasminreis

Meersalz

125 g Hähnchenbrustfilet (ohne Haut)

¼ rote Zwiebel, in Ringe geschnitten

2 TL Sojasauce

1 Stück getrocknete Wakame-Alge (nach Belieben)

1 Ei, leicht verquirlt

½ Noriblatt, in Streifen geschnitten

1 Handvoll Korianderblätter

Die ZUBEREITUNG

1 Die Frühlingszwiebelstreifen mindestens 10 Minuten in Eiswasser legen, abseihen und trocken tupfen.

2 Den Jasminreis mit 120 ml Wasser und etwas Salz in einen Topf geben. Kurz aufkochen, dann zugedeckt bei schwacher Hitze 15 Minuten köcheln lassen, bis die Flüssigkeit vollständig absorbiert und der Reis weich ist. Im geschlossenen Topf beiseitestellen.

3 In der Zwischenzeit das Hähnchen in einen Topf geben, mit Wasser bedecken und mit etwas Salz würzen. Rote Zwiebel, Sojasauce und nach Belieben Wakame in den Topf geben. Zum Kochen bringen und dann bei schwacher bis mittlerer Hitze zugedeckt 5–10 Minuten köcheln lassen, bis das Fleisch gar ist. (Sticht man mit der Spitze eines Küchenmessers ins Fleisch, sollten klare Säfte austreten.)

4 Das Hähnchen aus dem Topf nehmen und in Stücke schneiden. Mit einigen Kellen Pochierflüssigkeit und den Frühlingszwiebelringen in eine Pfanne geben. Sanft aufköcheln lassen. Das verquirlte Ei hinzufügen, den Deckel auflegen und 2 Minuten stocken lassen, bis das Ei fest ist.

5 Den Jasminreis in eine Servier-Bowl füllen. Hähnchen Ei-Mischung (inklusive Pochierflüssigkeit) und Noristreifen hinzufügen. Mit Frühlingszwiebelstreifen und Korianderblättern bestreuen.

Die ZUSAMMENSTELLUNG

Beginnen mit
Jasminreis

Weiter mit
Hähnchen-Ei-Mischung

Zum Schluss
Nori, Frühlingszwiebel, Korianderblätter

LF GF

UNTER 300 KCAL

Scharf-saures Schweinefleisch mit gedämpftem Pak Choi

Zubereitung **15 MIN.** Garzeit **15 MIN.**

Eine süße Marinade verfeinert das Schweinefleisch mit wunderbaren Aromen und macht es herrlich zart.

Kalorien **298**	Cholesterin **79 mg**	Ballaststoffe **6 g**
Fett insg. **7 g**	Natrium **150 mg**	Zucker **8 g**
ges. Fetts. **2 g**	Kohlenhydrate **23 g**	Protein **34 g**

Die ZUTATEN

125 g Schweinefilet, in 4–5 Scheiben geschnitten

60 g Quinoa-Mix (weiß, schwarz, rot)

35 g Salatgurke, geschält, entkernt, fein gewürfelt

1 TL Reisessig

¼ TL geriebener Ingwer

20 g Baby-Pak-Choi

½ Tomate, entkernt, gewürfelt

¼ grüne Chilischote, entkernt, in feine Ringe geschnitten

einige Minzeblätter (nach Belieben)

1 Limettenspalte (nach Belieben)

Für die Marinade

1 TL Mirin (süßer jap. Reiswein)

2 TL Reisessig

¼ TL Honig

½ Tomate, fein gehackt

1 Knoblauchzehe, gerieben

¼ rote Chilischote, entkernt, fein gehackt

Meersalz und frisch gemahlener schwarzer Pfeffer

Die ZUBEREITUNG

1 Für die Marinade Mirin, Reisessig, Honig, Tomate, Knoblauch, rote Chilischote, Salz und Pfeffer in einer Schüssel verrühren. Das Schweinefilet in die Marinade legen und 10 Minuten darin marinieren.

2 Die Quinoamischung mit 160 ml Wasser und etwas Salz in einen Topf geben und zum Kochen bringen. Bei schwacher Hitze zugedeckt 10 Minuten köcheln lassen, bis das Wasser vollständig absorbiert und die Quinoa weich ist. Im geschlossenen Topf beiseitestellen.

3 Salatgurke, Reisessig und Ingwer in einer Schüssel mischen, mit Salz und Pfeffer würzen.

4 Eine Grillpfanne bei hoher Temperatur erhitzen. Das Schweinefilet mit Marinade in die Pfanne geben und das Fleisch von jeder Seite 3 Minuten anbraten, dann beiseitestellen.

5 Währenddessen den Pak Choi 4 Minuten dämpfen.

6 Die Quinoamischung in eine Servier-Bowl füllen. Schweinefleisch und Pak Choi hinzufügen. Salatgurkenmischung, Tomate und grüne Chilischote darauf anrichten. Nach Belieben mit Minzeblättern bestreuen und mit der Limettenspalte zum Beträufeln garnieren.

Die ZUSAMMENSTELLUNG

Beginnen mit Quinoamischung

Weiter mit Schweinefleisch, Pak Choi, Salatgurkenmischung, Tomate und grüner Chilischote

Zum Schluss Minzeblätter und Limettenspalte

UNTER **300** KCAL

LF GF V

Zucchini-Möhren-Spaghetti
mit Cherrytomatensauce

Zubereitung **15 MIN.** Garzeit **10 MIN.**

Spaghetti auf gesunde Art! Mit einem Spiralschneider lässt sich das Gemüse ganz leicht schneiden.

Kalorien **116**	Cholesterin **0 mg**	Ballaststoffe **6 g**
Fett insg. **4,5 g**	Natrium **36 mg**	Zucker **10 g**
ges. Fetts. **0,8 g**	Kohlenhydrate **11 g**	Protein **5 g**

Die ZUTATEN

1 TL Olivenöl

180 g Zucchini, in Spiralen oder in feinen Streifen geschnitten

Meersalz und frisch gemahlener schwarzer Pfeffer

1 Prise Chiliflocken

1 Prise getrockneter Oregano

1 Knoblauchzehe, fein gehackt

70 g Möhre, in Spiralen oder in feinen Streifen geschnitten

Für die Sauce

8 Cherrytomaten, halbiert

1 TL Olivenöl

1 Prise Sumach

1 Handvoll Basilikumblätter, die Hälfte gehackt, der Rest ganz

Die ZUBEREITUNG

1 Das Olivenöl bei mittlerer Temperatur in einer Pfanne erhitzen. Die Zucchinispiralen hineinlegen, mit Salz und Pfeffer würzen und einige Sekunden in der Pfanne schwenken. Chiliflocken, Oregano und Knoblauch zugeben und 2–3 Minuten mitbraten.

2 Die Möhrenspiralen in die Pfanne geben. Die Pfanne wieder leicht schwenken und die Möhren 2 Minuten anbraten. (Zum Schluss sollten die Gemüsestreifen noch leichten Biss haben, also al dente sein.)

3 Für die Sauce die Cherrytomaten mit Olivenöl, Sumach, Salz und Pfeffer in einer Schüssel mischen. Eine Pfanne bei hoher Temperatur erhitzen. Die Tomatenmischung in die Pfanne geben und 4–5 Minuten darin anbraten. Die Tomaten dabei mit einem Holzlöffel leicht zerdrücken. (Wird die Sauce zu dick, ein wenig Wasser zugeben.) Die gehackten Basilikumblätter unterrühren.

4 Die Gemüsespaghetti in eine Servier-Bowl füllen, die Tomatensauce darübergeben und alles mit den ganzen Basilikumblättern bestreuen.

Die ZUSAMMENSTELLUNG

Beginnen mit Zucchini- und Möhrenspaghetti

Weiter mit Cherrytomatensauce

Zum Schluss Basilikumblätter

UNTER **400** KCAL

LF

Lachs & Pak Choi
mit Ingwerreis & Ananas

Zubereitung 15 MIN. Garzeit 15 MIN.

Rote Chili, Ananas und Lachs in Soja-Limetten-Sauce ergeben ein herrliches Geschmackspotpourri.

Kalorien **350**	Cholesterin **85 mg**	Ballaststoffe **7 g**
Fett insg. **19 g**	Natrium **403 mg**	Zucker **7,5 g**
ges. Fetts. **3,5 g**	Kohlenhydrate **11 g**	Protein **30 g**

Die ZUTATEN

125 g Lachsfilet (ohne Haut)

2 Baby-Pak-Choi, längs in Scheiben geschnitten

100 g grüne Bohnen

8 Mandeln, grob gehackt

100 g gegarter Naturreis

1 Stück frischer Ingwer (1,5 cm), gerieben

55 g Ananas, fein gewürfelt

1/4 rote Chilischote, entkernt, fein gehackt

1 Frühlingszwiebel (nur der grüne Teil), in feine Ringe geschnitten

einige Korianderblätter

Für die Marinade

Saft von 1/2 Limette

1 TL Sojasauce

1 TL Mirin (süßer jap. Reiswein)

1 Stück Zitronengras (1,5 cm), äußere Blätter entfernt, Innenteil fein geschnitten

Meersalz und frisch gemahlener schwarzer Pfeffer

Die ZUBEREITUNG

1 Für die Marinade den Limettensaft mit Sojasauce, Mirin und Zitronengras in einer Schüssel verrühren. Mit Salz und Pfeffer abschmecken. Den Lachs in eine flache Schale legen, die Marinade darübergießen und den Fisch 10 Minuten darin marinieren.

2 Eine beschichtete Grillpfanne bei hoher Temperatur erhitzen. Den Lachs hineinlegen und mit der Marinade beträufeln. Den Fisch 3–4 Minuten von jeder Seite anbraten. 5 Minuten ruhen lassen, dann in mundgerechte Stücke schneiden.

3 In der Zwischenzeit den Pak Choi über kochendem Wasser in 5–6 Minuten weich dämpfen. Beiseitestellen.

4 Die grünen Bohnen in kochendem Salzwasser in 4 Minuten weich garen. Abseihen, mit kaltem Wasser abschrecken und abtropfen lassen. Mit den Mandeln mischen.

5 Naturreis und Ingwer mischen, mit Salz und Pfeffer würzen und in eine Servier-Bowl füllen. Pak Choi, grüne Bohnen, Lachs und Ananas darauf anrichten, dann alles mit Chilischote, Frühlingszwiebel und Korianderblättern bestreuen.

Die ZUSAMMENSTELLUNG

Beginnen mit Naturreis und Ingwer

Weiter mit Pak Choi, grünen Bohnen, Lachs und Ananas

Zum Schluss Chilischote, Frühlingszwiebel und Korianderblätter

LF V

UNTER **600** KCAL

Aubergine & Tofu
mit Bohnen-Relish

Zubereitung 10 MIN. Garzeit 10 MIN.

Tofu und Aubergine nehmen alle Aromen dieses einfachen Sojasaucendressings auf.

Kalorien **504**	Cholesterin **0 mg**	Ballaststoffe **11 g**
Fett insg. **13 g**	Natrium **616 mg**	Zucker **42 g**
ges. Fetts. **2 g**	Kohlenhydrate **70 g**	Protein **21 g**

Die **ZUTATEN**

¼ Aubergine, gewürfelt

90 g fester Tofu, gewürfelt

1 TL Sojasauce

1 TL Mirin (süßer jap. Reiswein)

Saft von ½ Limette

1 Prise Chiliflocken

Meersalz und frisch gemahlener schwarzer Pfeffer

100 g gegarte grüne Linsen

60 g gegarte rote und weiße Quinoa

1 Handvoll glatte Petersilie, gehackt

3 Datteln, fein geschnitten

30 g Babyspinatblätter

1 TL Kürbiskerne

einige Minzeblätter

Für das Dressing

1 TL natives Olivenöl extra

1 TL Weißweinessig

1 TL Sojasauce

Saft von ½ Orange

Für das Relish

1 Tasse grüne Bohnen

¼ rote Zwiebel, fein gehackt

3 Cherrytomaten, fein gehackt

Die **ZUBEREITUNG**

1 Aubergine und Tofu in eine Schüssel geben, dann Sojasauce, Mirin, Limettensaft und Chiliflocken unterrühren. Mit Salz und Pfeffer würzen und beiseitestellen.

2 Grüne Linsen, Quinoa, glatte Petersilie und Datteln in einer Schüssel vermengen, mit Salz und Pfeffer würzen und beiseitestellen.

3 Für das Dressing das native Olivenöl extra mit Weißweinessig, Sojasauce und Orangensaft in einer weiteren Schüssel verrühren, mit Salz und Pfeffer würzen und beiseitestellen.

4 Für das Relish die grünen Bohnen 5 Minuten in Salzwasser kochen, abseihen und hacken. Mit roter Zwiebel und Cherrytomaten mischen und mit Salz und Pfeffer würzen. (Ergibt 2 Portionen. Die zweite Portion hält sich luftdicht verschlossen 3 Tage im Kühlschrank.)

5 Eine Grillpfanne bei mittlerer Temperatur erhitzen. Aubergine, Tofu und Marinade in die Pfanne geben und von jeder Seite 2–3 Minuten goldbraun anbraten.

6 Die Linsenmischung in eine Servier-Bowl füllen, dann Aubergine, Tofu und Spinat hinzufügen. Das Bohnen-Relish daraufgeben und das Ganze mit dem Dressing beträufeln. Mit Kürbiskernen und Minzeblättern anrichten.

Die **ZUSAMMENSTELLUNG**

Beginnen mit Linsenmischung

Weiter mit Aubergine, Tofu, Spinat und Bohnen-Relish

Zum Schluss Kürbiskerne und Minzeblätter

Wohlfühl-gerichte

Die Vor- und Zubereitung der folgenden Gerichte nehmen etwas mehr Zeit in Anspruch, aber dafür haben Sie schon beim ersten Bissen vergessen, dass diese Bowls wie dafür gemacht sind, überflüssige Pfunde zu verlieren.

UNTER **600** KCAL

LF GF

Hering & Cranberrys
mit Meerrettichdressing

Zubereitung **10 MIN.** Garzeit **30 MIN.**

Die nussigen Aromen des Reissalats runden die pikanten Zutaten und das scharfe Dressing ab.

Kalorien **571**	Cholesterin **18 mg**	Ballaststoffe **6 g**
Fett insg. **12,5 g**	Natrium **400 mg**	Zucker **17 g**
ges. Fetts. **1,5 g**	Kohlenhydrate **91 g**	Protein **21 g**

Die ZUTATEN

90 g Mischung aus rotem Reis und Wildreis

Meersalz und frisch gemahlener schwarzer Pfeffer

½ säuerlicher Apfel

Saft von 1 Zitrone

70 g eingelegter Hering

4 Radieschen, in dünne Scheiben geschnitten

1 Handvoll Brunnenkresse

1 Prise Mohnsamen

2 TL getrocknete Cranberrys

Für das Dressing

2 TL natives Olivenöl extra

1 TL Tafelmeerrettich oder frisch geriebener Meerrettich

Saft von ¼ Zitrone

Die ZUBEREITUNG

1. Die Reismischung mit 360 ml Wasser und etwas Salz in einen Topf geben und den Reis in etwa 20–30 Minuten weich garen. Abseihen und beiseitestellen.
2. Für das Dressing das native Olivenöl extra mit Tafelmeerrettich und Zitronensaft in einer Schüssel verrühren, mit Salz und Pfeffer abschmecken.
3. Den Apfel entkernen und in Spalten schneiden, dann mit dem Zitronensaft beträufeln, damit der Apfel nicht braun wird.
4. Reis und Hering in einer Servier-Bowl anrichten. Apfel, Radieschen und Brunnenkresse dazugeben. Mohnsamen und Cranberrys auf Apfel und Radieschen streuen und das Dressing über dem Gericht verteilen.

Die ZUSAMMENSTELLUNG

Beginnen mit
Reismischung und eingelegtem Hering

Weiter mit
Apfel, Radieschen und Brunnenkresse

Zum Schluss
Mohnsamen, Cranberrys und Meerrettichdressing

GF

UNTER 400 KCAL

Quinoa, Melone & Feta
mit Senfdressing

Zubereitung 15 MIN. Garzeit 25 MIN.

Mit süßer Melone, salzigem Feta, nussiger Quinoa und scharfem Senf ist dies eine echte Power-Bowl.

Kalorien **384**	Cholesterin **28 mg**	Ballaststoffe **8 g**
Fett insg. **17 g**	Natrium **479 mg**	Zucker **13 g**
ges. Fetts. **7 g**	Kohlenhydrate **36 g**	Protein **19 g**

Die **ZUTATEN**

200 g Quinoa

Meersalz und frisch gemahlener schwarzer Pfeffer

1 TL Olivenöl

140 g Zucchini, fein gewürfelt

1/4 rote Zwiebel, in feine Ringe geschnitten

fein geriebene Schale von 1 Bio-Zitrone

1/2 Knoblauchzehe, fein gehackt

1 Prise Paprikapulver

50 g Feta, gewürfelt

50 g Cantaloupe-Melone, gewürfelt

100 g Zuckerschoten, in schräge Stücke geschnitten

1 Prise schwarze Sesamsamen

1 Handvoll Rucola

einige grüne oder rote Basilikumblätter (nach Belieben)

1 Zitronenspalte (nach Belieben)

Für das Dressing

1 TL natives Olivenöl extra

1 TL Apfelessig

1/2 TL Dijonsenf

Die **ZUBEREITUNG**

1 Die Quinoa mit 500 ml Wasser und etwas Salz in einen Topf geben. Aufkochen und bei schwacher Hitze zugedeckt 15–20 Minuten köcheln lassen, bis das Wasser vollständig absorbiert und die Quinoa weich ist. Im geschlossenen Topf beiseitestellen.

2 Das Olivenöl bei mittlerer Temperatur in einer Pfanne erhitzen, die Zucchini hineingeben und mit etwas Salz und Pfeffer würzen. 1 Minute von jeder Seite anbraten, dann rote Zwiebel, die Hälfte der Zitronenschale, Knoblauch und Paprikapulver hinzufügen. 1–2 Minuten weiterbraten, dann die Mischung zur Quinoa geben. Mit Salz und Pfeffer abschmecken und beiseitestellen.

3 Feta, Melone und restliche Zitronenschale in einer Schüssel mischen. Beiseitestellen.

4 Für das Dressing das native Olivenöl extra mit Apfelessig und Dijonsenf in einer Schüssel verrühren und mit Salz und Pfeffer würzen. Das Dressing mit Zuckerschoten und schwarzen Sesamsamen vermengen.

5 Die Quinoa in eine Servier-Bowl füllen. Zuckerschotenmischung, Fetamischung und Rucola darauf anrichten. Nach Belieben mit den Basilikumblättern bestreuen und der Zitronenspalte zum Beträufeln servieren.

Die **ZUSAMMENSTELLUNG**

Beginnen mit
Quinoa

Weiter mit
Zuckerschotenmischung, Fetamischung und Rucola

Zum Schluss
grüne oder rote Basilikumblätter und Zitronenspalte

UNTER **400** KCAL

LF V

Roter Reis & Quinoa
mit Mango & Pilzen

Zubereitung 10 MIN. Garzeit 30 MIN.

Pilze und roter Reis geben dieser Bowl eine erdige Note, bereichert durch das Aroma von Mango und Kräutern.

Kalorien **344**	Cholesterin **0 mg**	Ballaststoffe **8,5 g**
Fett insg. **4 g**	Natrium **232 mg**	Zucker **14 g**
ges. Fetts. **0,5 g**	Kohlenhydrate **59 g**	Protein **13 g**

Die **ZUTATEN**

100 g Quinoa

Meersalz und frisch gemahlener schwarzer Pfeffer

1 TL Reisessig

100 g roter Reis

1 TL Olivenöl

115 g Champignons, geviertelt

2 Frühlingszwiebeln (der grüne Teil nur von 1), in feine Ringe geschnitten

½ Knoblauchzehe, fein gehackt

1 TL Gersten-Miso

¼ rote Zwiebel, in feine Ringe geschnitten

165 g Mango, gewürfelt

1 Handvoll Korianderblätter, fein gehackt

1 Handvoll Babyspinatblätter

¼ rote Chilischote, entkernt, fein gehackt

1 Limettenspalte (nach Belieben)

Die **ZUBEREITUNG**

1 Die Quinoa mit 240 ml Wasser und etwas Salz in einen Topf geben und zum Kochen bringen. Bei schwacher Hitze zugedeckt 15–20 Minuten köcheln lassen. 5 Minuten abkühlen lassen, dann den Reisessig einrühren.

2 In der Zwischenzeit in einem zweiten Topf den roten Reis mit 240 ml Wasser und etwas Salz aufkochen. Bei schwacher Hitze zugedeckt 30 Minuten (oder nach Packungsangabe) köcheln lassen. Im geschlossenen Topf beiseitestellen.

3 Das Olivenöl bei mittlerer Temperatur in einer Pfanne erhitzen und Pilze, Frühlingszwiebelgrün und Knoblauch 1–2 Minuten darin anbraten. Miso und 2 TL Wasser einrühren und weitere 2–3 Minuten braten. Beiseitestellen.

4 Rote Zwiebel, Mango, Korianderblätter sowie etwas Salz und Pfeffer unter den roten Reis heben.

5 Die Reismischung in eine Servier-Bowl füllen. Quinoa, Pilzemischung und Spinatblätter darauf anrichten. Mit roter Chilischote und restlicher Frühlingszwiebel bestreuen und nach Belieben die Limettenspalte zum Beträufeln dazu reichen.

Die **ZUSAMMENSTELLUNG**

Beginnen mit Reismischung

Weiter mit Quinoa, Pilzemischung und Spinatblättern

Zum Schluss rote Chilischote, Frühlingszwiebel und Limettenspalte

LF GF V

UNTER **600** KCAL

Quinoa & Kichererbsen
mit Zitronen-Tofu-Dressing

Zubereitung **10 MIN.** Garzeit **25 MIN.**

Den Geschmack des Zitronen-Tofu-Dressings werden Sie lieben!

Kalorien **590**	Cholesterin **0 mg**	Ballaststoffe **17,5 g**
Fett insg. **22 g**	Natrium **92 mg**	Zucker **9 g**
ges. Fetts. **3 g**	Kohlenhydrate **54 g**	Protein **35,5 g**

Die **ZUTATEN**

100 g Quinoa-Mix (weiß, schwarz und rot)

Meersalz und frisch gemahlener schwarzer Pfeffer

1 TL Olivenöl

90 g Tofu, gewürfelt

75 g Edamame-Bohnen (TK, aufgetaut)

85 g gegarte Kichererbsen

1 Handvoll glatte Petersilie, fein gehackt

½ rote Chilischote, entkernt, fein gehackt

fein geriebene Schale und Saft von ½ Bio-Zitrone

1 Handvoll Brunnenkresse

1 Möhre, mit einem Gemüseschäler in Streifen geschnitten

1 Prise schwarze Sesamsamen

Für das Dressing

Saft von 1 Zitrone

60 g Seidentofu

1 TL natives Olivenöl extra

Die **ZUBEREITUNG**

1 Die Quinoa mit 240 ml Wasser und etwas Salz in einen Topf geben und kurz aufkochen. Bei schwacher Hitze zugedeckt 15–20 Minuten köcheln lassen. Im geschlossenen Topf beiseitestellen.

2 Das Olivenöl bei mittlerer Temperatur in einer Pfanne erhitzen. Den Tofu zugeben und unter Rühren in 5 Minuten darin bräunen. Die Edamame-Bohnen unterheben und zur Seite stellen.

3 Kichererbsen, glatte Petersilie, rote Chilischote, Zitronenschale und -saft in einer Schüssel mischen, mit Salz und Pfeffer abschmecken.

4 Für das Dressing Zitronensaft, Seidentofu und natives Olivenöl extra in einem Mixer pürieren, mit Salz und Pfeffer abschmecken.

5 Die Quinoa in eine Servier-Bowl füllen. Kichererbsenmischung, Edamame-Tofu-Mischung, Brunnenkresse und Möhre darauf anrichten. Mit dem Dressing beträufeln und mit den schwarzen Sesamsamen bestreuen.

Die **ZUSAMMENSTELLUNG**

Beginnen mit weißer, roter und schwarzer Quinoa

Weiter mit Kichererbsenmischung, Edamame-Tofu-Mischung, Brunnenkresse, Möhre

Zum Schluss Zitronen-Tofu-Dressing und schwarze Sesamsamen

GF

UNTER 300 KCAL

Naturreis, Koriander & Minze
mit Spargel & Dicken Bohnen

Zubereitung **15 MIN.** Garzeit **30 MIN.**

Naturreis ist eine herzhafte Basis für zartes Grüngemüse und duftende Kräuter.

Kalorien **290**	Cholesterin **0,1 mg**	Ballaststoffe **10 g**
Fett insg. **6 g**	Natrium **15 mg**	Zucker **5 g**
ges. Fetts. **1 g**	Kohlenhydrate **42 g**	Protein **12 g**

Die ZUTATEN

100 g Naturreis

Meersalz und frisch gemahlener schwarzer Pfeffer

5 Stangen grüner Spargel

1 TL Olivenöl

60 g Dicke Bohnen

1 Handvoll Korianderblätter, fein gehackt, + einige ganze Blätter zum Garnieren

1 Handvoll Minzeblätter, fein gehackt

1 Limette, filetiert, halbiert

3 TL Granatapfelkerne

1 TL griechischer Joghurt (0,2 % Fett)

rote Basilikumblätter zum Garnieren (nach Belieben)

Die ZUBEREITUNG

1 Den Naturreis mit 500 ml Wasser und etwas Salz in einen Topf geben und zum Kochen bringen. Bei schwacher Hitze zugedeckt 25–30 Minuten sanft köcheln lassen, bis der Reis das Wasser vollständig absorbiert hat und weich ist. Im geschlossenen Topf beiseitestellen.

2 In der Zwischenzeit den Spargel in eine Schüssel geben und mit dem Olivenöl mischen. Mit Salz und Pfeffer würzen. Eine Grillpfanne bei hoher Temperatur erhitzen und den Spargel darin von jeder Seite 2–3 Minuten anbraten.

3 Die Dicken Bohnen in einen Topf mit kochendem Salzwasser geben und in 4 Minuten weich garen. Abseihen und abtropfen lassen, nach Belieben schälen und dann beiseitestellen.

4 Gehackte Korianderblätter und Minzeblätter mit dem Reis vermengen und mit Salz und Pfeffer abschmecken. Limettenfilets und die Hälfte der Granatapfelkerne unterheben.

5 Die Reismischung in eine Servier-Bowl füllen. Spargel, Dicke Bohnen und restliche Granatapfelkerne hinzufügen. Den Joghurt daraufgeben, dann mit den Korianderblättern und nach Belieben mit roten Basilikumblättern bestreuen.

Die ZUSAMMENSTELLUNG

Beginnen mit
Naturreismischung

Weiter mit
Spargel, Dicken Bohnen und Granatapfelkernen

Zum Schluss
Joghurt, Korianderblätter und Basilikumblätter

LF V

UNTER 600 KCAL

Bulgur & Ofenmöhren
mit Rote-Bete-Mandel-Pesto

Zubereitung 20 MIN. Garzeit 25 MIN.

Rote-Bete-Pesto schmeckt einfach köstlich zu den Möhren-»Pommes« und den gerösteten Mandeln.

Kalorien **520**	Cholesterin **0 mg**	Ballaststoffe **11 g**
Fett insg. **13,5 g**	Natrium **124 mg**	Zucker **15 g**
ges. Fetts. **1,5 g**	Kohlenhydrate **76 g**	Protein **18 g**

Die ZUTATEN

2 Möhren, längs in Stifte geschnitten

1 TL Olivenöl

Meersalz und frisch gemahlener schwarzer Pfeffer

100 g Mischung aus Bulgur, weißer und roter Quinoa

¼ rote Zwiebel, fein gewürfelt

1 Handvoll Schnittlauchröllchen

1 Handvoll Dill, fein gehackt

85 g Broccolini oder normale Brokkoliröschen

2 TL Granatapfelkerne

1 TL Mandelblättchen, geröstet (s. S. 129)

1 Handvoll Basilikumblätter (nach Belieben)

Limettenspalten (nach Belieben)

Für das Pesto

85 g gegarte Rote Bete

2 TL Mandelblättchen

1 Handvoll Basilikumblätter

1 TL natives Olivenöl extra

1 Prise Chiliflocken

Die ZUBEREITUNG

1 Den Backofen bei Ober-/Unterhitze auf 200 °C vorheizen. Möhren und Olivenöl in einer ofenfesten Form mischen und mit Salz und Pfeffer würzen. Im Ofen in 20 Minuten weich garen.

2 In der Zwischenzeit die Bulgur-Quinoa-Mischung mit 240 ml Wasser und etwas Salz in einen Topf geben und kurz aufkochen. Bei schwacher Hitze zugedeckt in 15 Minuten weich köcheln. Im geschlossenen Topf beiseitestellen und 2–3 Minuten ruhen lassen, dann rote Zwiebel, Schnittlauch und Dill unterrühren. Beiseitestellen.

3 Währenddessen die Broccolini in 5–6 Minuten weich dämpfen.

4 Für das Pesto Rote Bete, Mandelblättchen, Basilikumblätter, natives Olivenöl extra und Chiliflocken in einem Mixer glatt pürieren und mit Salz und Pfeffer abschmecken.

5 Die Bulgur-Quinoa-Mischung in eine Servier-Bowl füllen. Möhren, Broccolini und Granatapfelkerne darauf anrichten. Das Pesto dazugeben und alles mit Mandelblättchen und Basilikum bestreuen. Nach Belieben einige Limettenspalten zum Beträufeln dazu anrichten.

Die ZUSAMMENSTELLUNG

Beginnen mit Bulgur-Quinoa-Mischung

Weiter mit Möhren, Broccolini und Granatapfelkernen

Zum Schluss Pesto, Mandelblättchen, Basilikum, Limettenspalten

UNTER 300 KCAL

LF GF

Zitronengras-Hähnchen
mit Shiitakepilzen

Zubereitung 15 MIN. Garzeit 25 MIN.

Durch das Pochieren bleibt das Fleisch – hier mit erdigem Gemüse und frischen Kräutern – zart und saftig.

Kalorien **295**	Cholesterin **87 mg**	Ballaststoffe **4 g**
Fett insg. **12 g**	Natrium **137 mg**	Zucker **6 g**
ges. Fetts. **7 g**	Kohlenhydrate **8 g**	Protein **35 g**

Die ZUTATEN

125 g Hähnchenbrustfilet (ohne Haut)

Meersalz und frisch gemahlener schwarzer Pfeffer

120 ml fettreduzierte Kokosmilch

½ Stängel Zitronengras, äußere Blätter entfernt

1 Lorbeerblatt (nach Belieben)

20 g Baby-Pak-Choi, Blätter getrennt

1 TL Sesamsamen

3 Shiitakepilze

1 Handvoll Korianderblätter, die Hälfte gehackt, der Rest ganz

Limettenspalten (nach Belieben)

Für das Dressing

1 TL Mirin (süßer jap. Reiswein)

½ TL Honig

½ TL entkernte, fein gehackte rote Chilischote

Die ZUBEREITUNG

1 Das Hähnchen mit etwas Salz und Pfeffer gewürzt in einen Topf geben. Kokosmilch, 120 ml Wasser, Zitronengras und nach Belieben das Lorbeerblatt hinzufügen. Nach dem Aufkochen bei schwacher Hitze 15 Minuten köcheln lassen. (Sticht man mit der Spitze eines Küchenmessers ins Fleisch, sollten klare Säfte austreten.) Das Hähnchen mit einem Schaumlöffel herausnehmen, Flüssigkeit und Kräuter wegschütten.

2 In der Zwischenzeit für das Dressing Mirin mit Honig und roter Chilischote verrühren. Mit Salz abschmecken.

3 Den Pak Choi 3 Minuten dämpfen und beiseitestellen.

4 Die Sesamsamen in eine Pfanne geben und bei mittlerer Hitze unter Rühren ohne Fett rösten, bis sie Farbe annehmen und geröstet duften. Auf einem Teller abkühlen lassen.

5 Eine Pfanne bei hoher Temperatur erhitzen. Die Shiitakepilze darin ohne Fett in 3–4 Minuten weich braten.

6 Das Hähnchen in Scheiben schneiden und in einer Servier-Bowl anrichten. Pak Choi und Pilze hinzufügen. Gehackte und ganze Korianderblätter darüberstreuen, das Dressing daraufträufeln. Mit dem Sesam bestreuen und nach Belieben mit Limettenspalten zum Beträufeln anrichten.

Die ZUSAMMENSTELLUNG

Beginnen mit Hähnchen, Pak Choi und Pilzen

Weiter mit Korianderblättern und Mirindressing

Zum Schluss Sesamsamen und Limettenspalten

UNTER **600** KCAL

GF

Naturreis & Süßkartoffel
mit Kidneybohnen-Salsa

Zubereitung **10 MIN.** Garzeit **45 MIN.**

Südamerika in einer Bowl: geräucherte Chilischote, gesunde Süßkartoffel und Bohnen sowie cremige Avocado.

Kalorien **598**	Cholesterin **0 mg**	Ballaststoffe **17,5 g**
Fett insg. **16 g**	Natrium **53 mg**	Zucker **12,5 g**
ges. Fetts. **3 g**	Kohlenhydrate **89 g**	Protein **16 g**

Die ZUTATEN

100 g Naturreis

Meersalz und frisch gemahlener schwarzer Pfeffer

1 Süßkartoffel, in mundgerechte Stücke geschnitten

1 TL Olivenöl

1 Prise gemahlener Zimt

1 EL griechischer Joghurt (0,2 % Fett)

Saft von ½ Limette

½ kleine Avocado

Saft von 1 Zitrone

Für die Salsa

2 Tomaten

1 Frühlingszwiebel, grob gehackt

½ rote Chilischote, entkernt, grob gehackt

½ TL geräuchertes oder normales Paprikapulver

85 g Kidneybohnen

1 Handvoll Korianderblätter, fein gehackt + einige ganze Blätter zum Garnieren

Die ZUBEREITUNG

1. Den Reis in einen Topf geben, 360 ml Wasser und 1 Prise Salz hinzufügen und zum Kochen bringen. Bei schwacher Hitze zugedeckt 30 Minuten sanft köcheln lassen, bis der Reis das Wasser vollständig absorbiert hat und weich ist. Im geschlossenen Topf ruhen lassen.

2. Den Backofen bei Ober-/Unterhitze auf 200 °C vorheizen. Süßkartoffel, Olivenöl und Zimt in einer ofenfesten Form mischen und mit Salz und Pfeffer würzen. 15 Minuten im Ofen garen, bis die Süßkartoffel weich ist und etwas Farbe angenommen hat.

3. Für die Salsa Tomaten, Frühlingszwiebel, rote Chilischote und Paprikapulver in einem Mixer pürieren. Kidneybohnen und die Hälfte des gehackten Korianders unterrühren und mit Salz und Pfeffer abschmecken.

4. Joghurt, Limettensaft und den restlichen gehackten Koriander in einer Schüssel verrühren. Die Avocado in mundgerechte Stücke schneiden und mit dem Zitronensaft mischen, damit die Avocado nicht braun wird.

5. Den Naturreis in eine Servier-Bowl füllen. Salsa, Süßkartoffel und Avocado hinzufügen. Die Joghurtmischung darübergeben und alles mit den ganzen Korianderblättern bestreuen.

Die ZUSAMMENSTELLUNG

Beginnen mit
Naturreis

Weiter mit
Kidneybohnen-Salsa, Süßkartoffel und Avocado

Zum Schluss
Joghurtmischung und Korianderblätter

LF

UNTER **600** KCAL

Bulgur & Kichererbsen
mit Zitronen-Minz-Dressing

Zubereitung 15 MIN. Garzeit 20 MIN.

Geröstetes Gemüse schmeckt süßer, es passt hervorragend zum Bulgur mit seinem Nussaroma.

Kalorien **500**	Cholesterin **0 mg**	Ballaststoffe **17 g**
Fett insg. **11 g**	Natrium **38 mg**	Zucker **13 g**
ges. Fetts. **1,6 g**	Kohlenhydrate **72 g**	Protein **19 g**

Die ZUTATEN

1 Möhre, grob gewürfelt

135 g Butternusskürbis, geschält, grob gewürfelt

1 TL Olivenöl

1 Prise Zatar (oriental. Gewürzmischung)

Meersalz und frisch gemahlener schwarzer Pfeffer

6 Cherrytomaten

60 g Bulgur

85 g gegarte Kichererbsen

30 g Babyspinatblätter

1 TL grob gehackte Pistazien

Für das Dressing

1 TL Olivenöl

1 TL Weißweinessig

Saft von 1/2 Zitrone

1/4 TL Honig

1 Handvoll Minzeblätter, fein gehackt

Die ZUBEREITUNG

1 Den Backofen bei Ober-/Unterhitze auf 200 °C vorheizen. Möhre, Kürbis, Olivenöl und Zatar in einer ofenfesten Form mischen und mit Salz und Pfeffer würzen. 15–20 Minuten im Ofen rösten. 10 Minuten vor Ende der Backzeit die Tomaten hinzugeben und mitrösten. Die Form aus dem Ofen nehmen.

2 In der Zwischenzeit den Bulgur mit 160 ml Wasser und etwas Salz in einen Topf geben und aufkochen. Bei schwacher Hitze zugedeckt 10–15 Minuten köcheln lassen, bis der Bulgur die Flüssigkeit vollständig absorbiert hat und weich ist. Im geschlossenen Topf beiseitestellen.

3 Für das Dressing das Olivenöl mit Weißweinessig, Zitronensaft, Honig und Minzeblättern in einer Schüssel verrühren. Mit Salz und Pfeffer abschmecken.

4 Möhre, Kürbis, Tomaten und die Hälfte des Dressings mit dem Bulgur verrühren.

5 Das restliche Dressing mit den Kichererbsen mischen.

6 Bulgurmischung und Kichererbsen in eine Servier-Bowl füllen. Die Spinatblätter daraufgeben und alles mit den Pistazien bestreuen.

Die ZUSAMMENSTELLUNG

Beginnen mit Bulgurmischung und Kichererbsen

Weiter mit Spinatblättern

Zum Schluss Pistazien

GF

UNTER **600** KCAL

Schwarzaugenbohnen & Kürbis
mit Avocadodressing

Zubereitung 15 MIN. Garzeit 20 MIN.

Das cremige Avocadodressing passt wunderbar zum würzigen Röstgemüse und zur Bohnenmischung.

Kalorien **470**	Cholesterin **0 mg**	Ballaststoffe **15,5 g**
Fett insg. **27 g**	Natrium **226 mg**	Zucker **11 g**
ges. Fetts. **5 g**	Kohlenhydrate **34 g**	Protein **15,5 g**

Die ZUTATEN

70 g Butternusskürbis, geschält, gewürfelt

1 Prise gemahlener Zimt

2 TL Olivenöl

Meersalz und frisch gemahlener schwarzer Pfeffer

1/4 rote Paprikaschote, entkernt, grob gewürfelt

5 Cherrytomaten

1 Prise getrockneter Oregano

85 g Zuckermais

1/4 TL Weißweinessig

1 Handvoll Minzeblätter, gehackt

6 Stiele roter oder normaler Mangold

85 g gegarte Schwarzaugenbohnen

1/4 rote Chilischote, in Ringe geschnitten

einige Kräuter, z. B. Korianderblätter (nach Belieben)

Für das Dressing

1/2 Avocado

1 EL griechischer Joghurt (0,2 % Fett)

1 TL natives Olivenöl extra

Saft von 1/4 Zitrone

Die ZUBEREITUNG

1. Den Backofen bei Ober-/Unterhitze auf 200 °C vorheizen. Kürbis, Zimt und 1 TL Olivenöl in einer ofenfesten Form mischen und mit Salz und Pfeffer würzen. Die rote Paprikaschote mit etwas Olivenöl beträufeln, dann ebenfalls in die Form geben. Das Gemüse im Ofen 15–20 Minuten rösten.

2. Cherrytomaten, Oregano und das restliche Olivenöl in eine Schüssel geben und mischen. Mit dem Zuckermais die letzten 10 Minuten in die Backform geben und mitrösten. Die Form aus dem Ofen nehmen, das Gemüse in eine Schüssel füllen und mit Weißweinessig und Minzeblättern vermengen. Beiseitestellen.

3. In der Zwischenzeit den Mangold in 4 Minuten weich dämpfen. Anschließend grob hacken. Die Schwarzaugenbohnen erwärmen und unter den Mangold mischen.

4. Für das Dressing das Avocadofruchtfleisch zerdrücken. Mit Joghurt, nativem Olivenöl extra und Zitronensaft glatt rühren und mit Salz und Pfeffer abschmecken.

5. Die Mangold-Bohnen-Mischung in eine Servier-Bowl füllen, dann das Röstgemüse hinzugeben. Das Dressing daraufgeben und zum Schluss mit roter Chilischote und nach Belieben mit Kräutern bestreuen.

Die ZUSAMMENSTELLUNG

Beginnen mit
Mangold-Bohnen-Mischung

Weiter mit
Butternusskürbis, rote Paprikaschote, Tomaten und Mais

Zum Schluss
Avocadodressing, rote Chilischote, Kräuter

UNTER **600** KCAL

Würziges Freekeh
mit Kichererbsen-Spinat-Bällchen

Zubereitung **20 MIN.** Garzeit **15 MIN.**

Wie praktisch! Dieses Rezept ergibt zwei Portionen Bällchen, so haben Sie gleich etwas für den nächsten Tag.

Kalorien **582**	Cholesterin **14 mg**	Ballaststoffe **25 g**
Fett insg. **14,5 g**	Natrium **1204 mg**	Zucker **9 g**
ges. Fetts. **4 g**	Kohlenhydrate **72 g**	Protein **28 g**

Die ZUTATEN

100 g Freekeh-Quinoa-Mischung
100 g Tomatenmark
1 Prise Sumach
1 Prise Chiliflocken
30 g Feta, gewürfelt
fein geriebene Schale von 1/4 Bio-Zitrone
einige Thymianblätter
1/4 rote Zwiebel, in feine Ringe geschnitten
1 TL Granatapfelkerne
1/2 TL rosa Pfefferbeeren, zerstoßen
einige glatte Petersilienblätter (nach Belieben)

Für die Bällchen

30 g Babyspinatblätter
165 g gegarte Kichererbsen
1 Prise gemahlener Kreuzkümmel
1 Prise Sumach
Meersalz und frisch gemahlener schwarzer Pfeffer
Zitronenspalten

Die ZUBEREITUNG

1 Den Backofen bei Ober-/Unterhitze auf 200 °C vorheizen. Für die Bällchen den Spinat dämpfen, bis die Blätter zusammenfallen, abtropfen lassen und die restliche Flüssigkeit herausdrücken. Die Kichererbsen in einem Mixer fein hacken (darauf achten, dass etwas Textur erhalten bleibt). Spinat, Kreuzkümmel, Sumach, Salz und Pfeffer hinzugeben und auf Pulsstufe mixen, bis die Masse sich verbindet. Daraus 8 Bällchen formen und mit den Zitronenspalten auf ein beschichtetes Backblech legen. 15 Minuten backen, bis die Bällchen etwas Farbe angenommen haben.

2 In der Zwischenzeit die Freekeh-Quinoa-Mischung in einen Topf geben, Tomatenmark und 1 Prise Salz hinzugeben. Mit Wasser bedeckt zum Kochen bringen, dann bei schwacher Hitze in 15 Minuten (oder nach Packungsangabe) weich köcheln. Den Topf vom Herd nehmen. Sumach, Chiliflocken, Salz und Pfeffer einrühren.

3 Den Feta mit Zitronenschale, Thymian und Zwiebel mischen.

4 Die Freekeh-Quinoa-Mischung in eine Servier-Bowl füllen. 4 Bällchen und Zitronenspalten darauf anrichten. Die Fetamischung hinzugeben und alles mit Granatapfelkernen, rosa Pfeffer und nach Belieben mit der Petersilie bestreuen. (Die übrigen Bällchen luftdicht verpacken. Im Kühlschrank halten sie sich 2 Tage.)

Die ZUSAMMENSTELLUNG

Beginnen mit Freekeh-Quinoa-Mischung

Weiter mit Kichererbsen-Spinat-Bällchen, Zitronen, Fetamischung

Zum Schluss Granatapfelkerne, rosa Pfeffer, Petersilie

UNTER **600** KCAL

LF

Rind & Reis »koreanisch«
mit eingelegtem Rotkohl

Zubereitung **20 MIN.** Garzeit **15 MIN.**

Ein Fest für die Augen und den Gaumen: Das Rindfleisch wird von diversen Farben und Texturen begleitet.

Kalorien **582**	Cholesterin **14 mg**	Ballaststoffe **11,5 g**
Fett insg. **18 g**	Natrium **887 mg**	Zucker **11 g**
ges. Fetts. **4 g**	Kohlenhydrate **53 g**	Protein **41,5 g**

Die ZUTATEN

125 g Rumpsteak (ohne Fett)
2 TL Reisessig
1 Prise Chiliflocken
¼ TL Honig
20 g Rotkohl, geraspelt
4 Stängel Broccolini
70 g Möhren, in Stifte geschnitten
8 Stängel roter oder normaler Mangold
90 g gegarter Quinoa-Naturreis-Mix
1 Prise schwarze Sesamsamen
einige Korianderblätter (nach Belieben)
Limettenspalten (nach Belieben)

Für die Marinade

1 TL Sesamöl
2 TL Sojasauce
1 TL Reisessig
¼ TL geriebener Ingwer
¼ TL geriebener Knoblauch
Saft von ¼ Limette
1 Prise Chiliflocken
Meersalz und frisch gemahlener schwarzer Pfeffer

Die ZUBEREITUNG

1 Für die Marinade Sesamöl, Sojasauce, Reisessig, Ingwer, Knoblauch, Limettensaft und Chiliflocken in einer Schüssel verrühren, mit Salz und Pfeffer würzen. Das Steak in die Schüssel legen und 10 Minuten marinieren.

2 In der Zwischenzeit Reisessig, Chiliflocken und Honig in einer Schüssel verrühren und den Rotkohl hinzugeben. Mit Salz und Pfeffer würzen und gut vermengen. Beiseitestellen.

3 Eine Grillpfanne bei hoher Temperatur erhitzen und das Steak mit Marinade in die Pfanne geben. Von beiden Seiten nach Geschmack durchbraten, anschließend 10–15 Minuten ruhen lassen. Das Fleisch in Streifen schneiden.

4 Die Broccolini 2 Minuten dämpfen, dann die Möhren zugeben und weitere 2 Minuten dämpfen. Den Mangold hinzufügen und weitere 1–2 Minuten dämpfen, bis das Gemüse weich ist, aber noch etwas Biss hat.

5 Die Quinoa-Reis-Mischung in eine Servier-Bowl füllen. Steak, gedämpftes Gemüse und Rotkohl darauf anrichten. Mit schwarzen Sesamsamen und nach Belieben mit Korianderblättern bestreuen. Nach Belieben mit Limettenspalten zum Beträufeln anrichten.

Die ZUSAMMENSTELLUNG

Beginnen mit Quinoa-Reis-Mischung

Weiter mit Steak, gedämpftem Gemüse, Rotkohl

Zum Schluss Sesamsamen, Korianderblätter, Limettenspalten

UNTER **400** KCAL

LF

Putenbällchen & Nudeln
mit Tahin-Honig-Dressing

Zubereitung 15 MIN. Garzeit 35 MIN.

Pute liefert fettarmes Protein und wird in dieser Bowl mit Kräutern und einem Tahindressing angerichtet.

Kalorien **364**	Cholesterin **57 mg**	Ballaststoffe **4 g**
Fett insg. **11,5 g**	Natrium **107 mg**	Zucker **5 g**
ges. Fetts. **2 g**	Kohlenhydrate **32 g**	Protein **32 g**

Die ZUTATEN

100 g Putensteak

fein geriebene Schale von ½ Bio-Zitrone

1 Handvoll glatte Petersilie

1 Prise Sumach

Meersalz und frisch gemahlener schwarzer Pfeffer

1 TL Olivenöl

7 Cherrytomaten

40 g Soba-Nudeln (jap. Buchweizennudeln)

40 g Grünkohl, dicke Stiele entfernt, Blätter grob gehackt

1 Zitronenspalte (nach Belieben)

Für das Dressing

1 TL Olivenöl

1 TL Weißweinessig

1 TL Tahin (Sesammus)

¼ TL Honig

Die ZUBEREITUNG

1 Den Backofen bei Ober-/Unterhitze auf 200 °C vorheizen. Pute, Zitronenschale, glatte Petersilie und Sumach in einer Küchenmaschine zerkleinern, mit Salz und Pfeffer würzen. Eine kleine ofenfeste Form mit ½ TL Olivenöl bestreichen, aus der Fleischmasse 4 Bällchen formen und in die Form legen. 20 Minuten im Ofen backen, nach 10 Minuten wenden.

2 Die Cherrytomaten mit dem restlichen Öl in einer ofenfesten Form mischen, mit Salz und Pfeffer würzen. 10–15 Minuten im Ofen rösten, bis die Tomaten leichte Röstspuren zeigen und die Haut aufgeplatzt ist. Beiseitestellen.

3 Die Soba-Nudeln in eine Schüssel geben und mit kochendem Wasser bedecken. 5–10 Minuten (oder nach Packungsangabe) ziehen lassen, abseihen und mit kaltem Wasser abschrecken.

4 Den Grünkohl über kochendem Wasser in 10 Minuten weich dämpfen.

5 Für das Dressing das Olivenöl mit Weißweinessig, Tahin und Honig verrühren, mit Salz und Pfeffer abschmecken.

6 Die Soba-Nudeln in eine Servier-Bowl füllen. Putenbällchen, Grünkohl, Tomaten und nach Belieben die Zitronenspalte darauf anrichten. Mit dem Tahin-Honig-Dressing beträufeln.

Die ZUSAMMENSTELLUNG

Beginnen mit Soba-Nudeln

Weiter mit Putenbällchen, Grünkohl, Tomaten und Zitronenspalte

Zum Schluss Tahin-Honig-Dressing

LF

UNTER 400 KCAL

Soba-Nudeln & Grünkohl
mit Sesamdressing

Zubereitung 15 MIN. Garzeit 20 MIN.

Eine bunte Bowl mit wertvollen Inhaltsstoffen: Grünkohl liefert Eisen und das Ei reichlich Protein.

Kalorien **390**	Cholesterin **213 mg**	Ballaststoffe **6 g**
Fett insg. **12 g**	Natrium **439 mg**	Zucker **7 g**
ges. Fetts. **3 g**	Kohlenhydrate **46 g**	Protein **21 g**

Die **ZUTATEN**

20 g Grünkohl, dicke Stiele entfernt, Blätter grob gehackt

1 Ei

60 g Soba-Nudeln (jap. Buchweizennudeln)

10 g Rotkohl, geraspelt

1 TL Reisessig

75 g Edamame-Bohnen (TK, aufgetaut)

½ Noriblatt, fein geschnitten

1 Prise schwarze Sesamsamen

einige Korianderblätter

Für das Dressing

1 TL natives Olivenöl extra

1 TL Weißweinessig

1 TL Sesamsamen

¼ TL Honig (nach Belieben)

Meersalz und frisch gemahlener schwarzer Pfeffer

Die **ZUBEREITUNG**

1 Den Grünkohl über kochendem Wasser in 10 Minuten weich dämpfen.

2 In der Zwischenzeit für das Dressing das native Olivenöl extra mit Weißweinessig, Sesamsamen und nach Belieben mit Honig verrühren. Mit Salz und Pfeffer abschmecken und beiseitestellen.

3 Das Ei in einen Topf mit kaltem Wasser geben, aufkochen und 5 Minuten kochen lassen. Abseihen und in kaltem Wasser abschrecken. Das abgekühlte Ei pellen und halbieren.

4 Die Soba-Nudeln in eine Schüssel legen und mit kochendem Wasser bedecken. 5–10 Minuten (oder nach Packungsangabe) ziehen lassen, abseihen und mit kaltem Wasser abschrecken.

5 Den Rotkohl mit dem Reisessig in einer Schüssel mischen.

6 Die Soba-Nudeln in eine Servier-Bowl füllen. Grünkohl, Rotkohl, Edamame, Nori und Eierhälften darauf anrichten. Mit dem Sesam bestreuen, mit dem Sesamdressing beträufeln und zum Schluss mit den Korianderblättern bestreuen.

Die **ZUSAMMENSTELLUNG**

Beginnen mit
Soba-Nudeln

Weiter mit
Grünkohl, Rotkohl, Edamame, Nori und Eierhälften

Zum Schluss
Sesamdressing, Korianderblätter

LF V UNTER 300 KCAL

Gemüse-Pho
mit Reisnudeln

Zubereitung 15 MIN. Garzeit 30 MIN.

Diese stärkende Suppe kann man ganzjährig genießen. Nehmen Sie dafür einfach Gemüse, das gerade Saison hat.

Kalorien **172**	Cholesterin **0 mg**	Ballaststoffe **3,5 g**
Fett insg. **3,5 g**	Natrium **557 mg**	Zucker **3,5 g**
ges. Fetts. **0,5 g**	Kohlenhydrate **24 g**	Protein **10,5 g**

Die ZUTATEN

70 g dünne Reisnudeln

5 Stangen grüner Spargel, halbiert

50 g Edamame-Bohnen (TK, aufgetaut)

60 g Tofu, gewürfelt

Für die Brühe

½ Zimtstange

1 Sternanis

1 Stück frischer Ingwer (2,5 cm), gehackt

½ Knoblauchzehe

2 TL Sojasauce

2 TL Reisessig

1 Handvoll Korianderstängel

Meersalz und frisch gemahlener schwarzer Pfeffer

Für das Topping

1 Radieschen, in dünne Scheiben geschnitten

einige Thai-Basilikumblätter

einige Minzeblätter

einige Korianderblätter

½ rote Chilischote, in feine Scheiben geschnitten

1 Limettenspalte (nach Belieben)

Die ZUBEREITUNG

1 Die Reisnudeln in eine Schüssel geben und mit kochendem Wasser bedecken. 10 Minuten ziehen lassen, dann abseihen, abtropfen lassen und beiseitestellen.

2 Für die Brühe Zimtstange, Sternanis, Ingwer, Knoblauch, Sojasauce, Reisessig und Koriander mit 600 ml Wasser in einen Topf geben und aufkochen. Bei schwacher Hitze zugedeckt 20 Minuten sanft köcheln lassen. Durch ein Sieb abgießen, die klare Brühe in einem sauberen Topf auffangen und mit Salz und Pfeffer abschmecken. Nach Belieben etwas mehr Sojasauce oder Reisessig hinzugeben.

3 Die Brühe bei mittlerer Hitze wieder zum Köcheln bringen. Spargel und Edamame darin 5 Minuten garen (der Spargel sollte noch Biss haben). Den Tofu hinzugeben und weitere 2 Minuten köcheln lassen.

4 Die Reisnudeln in eine Servier-Bowl füllen. Brühe und Gemüse daraufgeben. Mit Radieschen, Thai-Basilikum-, Minze- und Korianderblättern sowie Chilischote bestreuen. Nach Belieben mit der Limettenspalte zum Beträufeln anrichten.

Die ZUSAMMENSTELLUNG

Beginnen mit Reisnudeln, Brühe und Gemüse

Weiter mit Radieschen, Thai-Basilikumblättern, Minzeblättern, Korianderblättern

Zum Schluss rote Chilischote, Limettenspalte

UNTER **400** KCAL

LF

Safran-Hähnchen
mit Linsen & Orange

Zubereitung **15 MIN.** Garzeit **30 MIN.**

Safran verleiht dem Hähnchen ein feines Aroma, Linsen und Orange sorgen für das gewisse Etwas.

Kalorien **381**	Cholesterin **88 mg**	Ballaststoffe **9,5 g**
Fett insg. **9,5 g**	Natrium **339 mg**	Zucker **18 g**
ges. Fetts. **1,5 g**	Kohlenhydrate **29 g**	Protein **40 g**

Die **ZUTATEN**

- 125 g Hähnchenbrustfilet (ohne Haut)
- 2 TL Olivenöl
- 1 Prise Safranfäden
- Meersalz und frisch gemahlener schwarzer Pfeffer
- 100 g grüne Bohnen
- 1 TL Harissa
- 70 g Zucchini, in Scheiben geschnitten
- 100 g gegarte grüne Linsen
- 1 Orange, filetiert
- 1 Handvoll Minzeblätter, fein gehackt
- 1 Handvoll Dillspitzen, fein gehackt
- 1 Tomate, entkernt, fein gewürfelt
- einige Minzeblätter (nach Belieben)
- 2 Limettenscheiben (nach Belieben)

Die **ZUBEREITUNG**

1 Den Backofen bei Ober-/Unterhitze auf 200 °C vorheizen. Das Hähnchen mehrmals einritzen und mit 1 TL Olivenöl und Safran bestreichen, dann in eine ofenfeste Form legen und mit Salz und Pfeffer würzen. 20 Minuten im Ofen garen. (Sticht man mit der Spitze eines Küchenmessers in das Fleisch, sollten klare Säfte austreten.) Das abgekühlte Hähnchenbrustfilet schräg in Scheiben schneiden.

2 In der Zwischenzeit die grünen Bohnen in einen Topf mit kochendem Wasser geben und in 5 Minuten weich garen (sie sollten noch etwas Biss haben), dann abgießen. Mit der Harissa mischen und beiseitestellen.

3 Eine Grillpfanne bei hoher Temperatur erhitzen. Die Zucchini mit dem restlichen Olivenöl mischen und in die Pfanne geben. 2–3 Minuten von jeder Seite bräunen, dann herausnehmen.

4 Grüne Linsen, Orange, Minze und Dill in einer Schüssel mischen, mit Salz und Pfeffer würzen

5 Die Linsenmischung in eine Servier-Bowl füllen. Safranhähnchen, grüne Bohnen und Zucchini hinzufügen. Tomate und nach Belieben Minzeblätter daraufgeben und nach Belieben mit den Limettenscheiben zum Beträufeln anrichten.

Die **ZUSAMMENSTELLUNG**

Beginnen mit Linsenmischung

Weiter mit Safranhähnchen, grünen Bohnen und Zucchini

Zum Schluss Tomate, Minze und Limettenscheiben

UNTER **400** KCAL

Freekeh & Aubergine
mit Harissa-Minz-Dressing

Zubereitung 15 MIN.   Garzeit 20 MIN.

Eine herzhafte Bowl mit orientalischen Aromen, dazu Freekeh, ein Superfood mit viel Protein und Ballaststoffen.

Kalorien **315**	Cholesterin **0 mg**	Ballaststoffe **11 g**
Fett insg. **5,5 g**	Natrium **44 mg**	Zucker **1 g**
ges. Fetts. **1 g**	Kohlenhydrate **48 g**	Protein **13 g**

Die ZUTATEN

100 g Freekeh-Quinoa-Mischung

Meersalz und frisch gemahlener schwarzer Pfeffer

115 g Aubergine, grob gewürfelt

1 Prise Zatar (oriental. Gewürzmischung)

1 TL Olivenöl

100 g grüne Bohnen

5 Cherrytomaten, geviertelt

fein geriebene Schale von ½ Bio-Zitrone

1 TL Berberitzenbeeren, 10 Minuten in Wasser eingeweicht

1 Stängel Minze (nach Belieben)

1 Zitronenspalte (nach Belieben)

Für das Dressing

1 EL griechischer Joghurt (0,2 % Fett)

1 TL Harissa

1 Handvoll Minzeblätter, fein gehackt

Die ZUBEREITUNG

1. Die Freekeh-Quinoa-Mischung mit etwas Salz und 240 ml Wasser in einen Topf geben, zum Kochen bringen und dann bei schwacher Hitze zugedeckt 15 Minuten (oder nach Packungsangabe) köcheln lassen. Den geschlossenen Topf vom Herd nehmen.

2. In der Zwischenzeit für das Dressing Joghurt, Harissa und Minze in einer Schüssel verrühren, mit Salz und Pfeffer würzen. (Ergibt 2 Portionen. Die zweite Portion hält sich luftdicht verschlossen 2 Tage im Kühlschrank.)

3. Die Aubergine mit Zatar und Olivenöl in einer Schüssel mischen, mit Salz und Pfeffer würzen. Eine Grillpfanne bei hoher Temperatur erhitzen und die Aubergine darin von jeder Seite 2–3 Minuten bräunen. Beiseitestellen.

4. Die grünen Bohnen in einen Topf mit kochendem Wasser geben und in 5 Minuten weich garen. Abseihen, kalt abschrecken und abtropfen lassen. Mit Tomaten und Zitronenschale mischen.

5. Die Freekeh-Quinoa-Mischung in eine Servier-Bowl füllen, Aubergine und grüne Bohnen darauf anrichten. Das Joghurtdressing dazugeben, Berberitzenbeeren und nach Belieben Minzeblätter darüberstreuen. Ebenfalls nach Belieben mit der Zitronenspalte anrichten.

Die ZUSAMMENSTELLUNG

Beginnen mit Freekeh-Quinoa-Mischung

Weiter mit Aubergine, grünen Bohnen und Joghurtdressing

Zum Schluss Berberitzen, Minze, Zitronenspalte

UNTER **400** KCAL LF GF

Thunfisch & Süßkartoffel
mit Gurken-Zitrone-Relish

Zubereitung 10 MIN. Garzeit 25 MIN.

Eine bunte Schüssel mit wertvollen, knackigen Zutaten und einem würzigen Dressing.

Kalorien **381**	Cholesterin **248 mg**	Ballaststoffe **7 g**
Fett insg. **13 g**	Natrium **216 mg**	Zucker **10 g**
ges. Fetts. **31 g**	Kohlenhydrate **25 g**	Protein **37 g**

Die ZUTATEN

1 Süßkartoffel, in mundgerechte Stücke geschnitten

Meersalz und frisch gemahlener schwarzer Pfeffer

1 Ei

100 g grüne Bohnen

¼ Salatgurke, entkernt, in Scheiben geschnitten

6 Radieschen, in dünne Scheiben geschnitten

1 Zitrone, filetiert

1 Handvoll Dill, gehackt

100 g Thunfischsteak

1 TL Olivenöl

1 Handvoll glatte Petersilie, fein gehackt

Für das Dressing

1 TL natives Olivenöl extra

1 TL Weißweinessig

1 TL Dijonsenf

Die ZUBEREITUNG

1 Die Süßkartoffel in einen Topf geben und mit Salzwasser bedecken. Aufkochen, dann bei schwacher Hitze zugedeckt in 10 Minuten weich köcheln. Abgießen und abtropfen lassen.

2 Das Ei mit kaltem Wasser in einen Topf geben, aufkochen und 5 Minuten kochen lassen. In kaltem Wasser abschrecken und abkühlen lassen, danach pellen und halbieren.

3 In der Zwischenzeit für das Dressing das native Olivenöl extra mit Weißweinessig und Dijonsenf in einer Schüssel verrühren, mit Salz und Pfeffer abschmecken.

4 Die grünen Bohnen in einen Topf mit kochendem Salzwasser geben und in 4 Minuten weich kochen.

5 Für das Relish Salatgurke, Radieschen, Zitronenfilets und Dill mischen und mit Salz und Pfeffer würzen.

6 Das Thunfischsteak mit dem Olivenöl bestreichen und mit Salz und Pfeffer würzen. Eine Grillpfanne bei hoher Temperatur erhitzen, das Steak von jeder Seite 3–4 Minuten scharf anbraten. Abkühlen lassen, dann in Scheiben schneiden.

7 Die Süßkartoffel in eine Servier-Bowl füllen. Thunfisch, grüne Bohnen, Gurken-Zitrone-Relish und Ei hinzufügen. Mit dem Dressing beträufeln und die Petersilie daraufstreuen.

Die ZUSAMMENSTELLUNG

Beginnen mit Süßkartoffel

Weiter mit Thunfisch, grünen Bohnen, Gurken-Zitrone-Relish, Ei

Zum Schluss Senfdressing, Petersilie

LF GF UNTER **600** KCAL

Ofenfenchel & Wolfsbarsch
mit Dijonsenfdressing

Zubereitung 10 MIN. Garzeit 35 MIN.

Der köstliche Wolfsbarsch ist eine wertvolle Quelle für Protein und Omega-3-Fettsäuren.

Kalorien **491**	Cholesterin **89 mg**	Ballaststoffe **8 g**
Fett insg. **20 g**	Natrium **98 mg**	Zucker **9,5 g**
ges. Fetts. **4 g**	Kohlenhydrate **41 g**	Protein **33 g**

Die **ZUTATEN**

¼ Fenchelknolle, längs in Scheiben geschnitten

½ rote Paprikaschote, entkernt, grob gewürfelt

½ rote Zwiebel, die Hälfte grob gewürfelt, der Rest fein gewürfelt

1 TL Olivenöl

Meersalz und frisch gemahlener schwarzer Pfeffer

125 g Wolfsbarschfilet (ohne Haut)

100 g Zuckerschoten, fein geschnitten

200 g gegarter Naturreis

einige Korianderblätter (nach Belieben)

Für das Dressing

1 TL natives Olivenöl extra

1 TL Weißweinessig

½ TL Dijonsenf

Die **ZUBEREITUNG**

1 Den Backofen bei Ober-/Unterhitze auf 200 °C vorheizen. Fenchel, rote Paprikaschote, grob gewürfelte rote Zwiebel und Olivenöl in einer ofenfesten Form mischen, mit Salz und Pfeffer würzen und 15–20 Minuten im Ofen garen.

2 Den Wolfsbarsch in eine zweite Auflaufform geben, mit Salz und Pfeffer würzen und die Form mit Wasser füllen, bis diese zu ⅓ gefüllt ist. Mit Alufolie abdecken und 10–15 Minuten im Ofen garen, bis der Fisch gar ist. Den Fisch mit einem Pfannenheber herausnehmen und beiseitestellen.

3 Für das Dressing das native Olivenöl extra mit Weißweinessig und Dijonsenf verrühren, mit Salz und Pfeffer abschmecken.

4 Zuckerschoten, fein gewürfelte rote Zwiebel und die Hälfte des Dressings in einer Schüssel mischen.

5 Den Naturreis in eine Servier-Bowl füllen. Wolfsbarsch und Ofenfenchel-Mischung darauf anrichten. Mit der Zuckerschotenmischung und nach Belieben mit den Korianderblättern bestreuen. Das restliche Dressing darüberträufeln.

Die **ZUSAMMENSTELLUNG**

Beginnen mit
Naturreis

Weiter mit
Wolfsbarsch, Ofenfenchel-Mischung, Zuckerschoten

Zum Schluss
Koriander und Senfdressing

UNTER **600** KCAL

LF GF V

Roter Reis & Röstkürbis
mit Minzdressing & Mandeln

Zubereitung 15 MIN. Garzeit 20 MIN.

Roter Reis schmeckt leicht nussig und harmoniert mit der Süße von Mais und Butternusskürbis.

Kalorien **429**	Cholesterin **0 mg**	Ballaststoffe **8 g**
Fett insg. **13,5 g**	Natrium **22 mg**	Zucker **8 g**
ges. Fetts. **1,5 g**	Kohlenhydrate **57 g**	Protein **17 g**

Die ZUTATEN

140 g Butternusskürbis, geschält, in halbmondfömige Stücke geschnitten

1/2 rote Paprikaschote, entkernt, grob gewürfelt

85 g Zuckermais

Meersalz und frisch gemahlener schwarzer Pfeffer

1 TL Olivenöl

90 g Mischung aus rotem Reis und Wildreis

20 g Grünkohl, dicke Stiele entfernt, Blätter grob gehackt

8 Mandeln, grob gehackt

Für das Dressing

2 TL Reisessig

1 Handvoll Minzeblätter, fein gehackt

1/2 Knoblauchzehe, gerieben

Die ZUBEREITUNG

1 Den Backofen bei Ober-/Unterhitze auf 200 °C vorheizen. Den Kürbis mit roter Paprika, Zuckermais, Olivenöl, Salz und Pfeffer in einer ofenfesten Form mischen und das Gemüse in 20 Minuten im Ofen weich rösten.

2 In der Zwischenzeit den Reis mit 1 Prise Salz und 240 ml Wasser in einen Topf geben, aufkochen und bei schwacher Hitze zugedeckt 20 Minuten köcheln lassen, bis der Reis die Flüssigkeit vollständig aufgenommen hat und weich ist. Im geschlossenen Topf beiseitestellen.

3 Den Grünkohl in einen Dampfgarer geben, mit Salz würzen und 10 Minuten dämpfen.

4 Für das Dressing den Reisessig mit Minze und Knoblauch in einer Schüssel verrühren, mit Salz und Pfeffer würzen.

5 Die Reismischung in eine Servier-Bowl füllen. Kürbis, rote Paprikaschote, Zuckermais und Grünkohl darauf anrichten. Mit den Mandeln bestreuen und mit dem Dressing beträufeln.

Die ZUSAMMENSTELLUNG

Beginnen mit Reismischung

Weiter mit Kürbis, roter Paprikaschote, Zuckermais und Grünkohl

Zum Schluss Mandeln und Minzdressing

LF GF UNTER **600** KCAL

Naturreis & Wolfsbarsch-Poke
mit Avocado & Mango

Zubereitung **15 MIN.** Garzeit **25 MIN.**

Poke (gesprochen: Poh-kay), ein Gericht aus rohem Fisch, bedeutet im Hawaiianischen »Stück«.

Kalorien **598**	Cholesterin **71 mg**	Ballaststoffe **10 g**
Fett insg. **28 g**	Natrium **299 mg**	Zucker **15 g**
ges. Fetts. **6 g**	Kohlenhydrate **54 g**	Protein **29 g**

Die **ZUTATEN**

100 g Naturreis

Meersalz

125 g Wolfsbarschfilet (ohne Haut), mit der Faser in mundgerechte Stücke geschnitten

1/2 rote Zwiebel, in feine Ringe geschnitten

Saft von 1 Limette + 1 Limettenscheibe (nach Belieben)

1 Handvoll Korianderblätter, fein gehackt

1/2 Avocado

1 TL Reisessig

1/2 Noriblatt, fein geschnitten

70 g Wassermelone, gewürfelt

55 g Mango, gewürfelt

2 Radieschen, in dünne Scheiben geschnitten

1 Handvoll Brunnenkresse

1/4 rote Chilischote, in feine Scheiben geschnitten

1 Prise schwarze Sesamsamen

Die **ZUBEREITUNG**

1 Den Naturreis mit etwas Salz und 240 ml Wasser in einen Topf geben und kurz aufkochen. Bei schwacher Hitze 20–25 Minuten zugedeckt köcheln lassen, bis das Wasser vollständig absorbiert und der Reis weich ist. Im geschlossenen Topf beiseitestellen.

2 In der Zwischenzeit Wolfsbarsch, rote Zwiebel und 1 Prise Salz in einer Schüssel mischen. 1 Minute ruhen lassen, dann die Hälfte des Limettensafts unterrühren. 5 Minuten ruhen lassen, damit der Fisch im Limettensaft »garen« kann, dann den Koriander unterrühren. Die Avocado in mundgerechte Stücke schneiden und mit dem restlichen Limettensaft mischen.

3 Den Reis mit einer Gabel auflockern, Reisessig und Noristreifen unterrühren.

4 Den Reis in eine Servier-Bowl füllen. Die Wolfsbarschmischung daraufgeben, dann Wassermelone, Mango, Avocado, Radieschen und Brunnenkresse. Mit roter Chilischote und schwarzen Sesamsamen bestreuen und die Bowl nach Belieben mit der Limettenscheibe zum Beträufeln anrichten.

Die **ZUSAMMENSTELLUNG**

Beginnen mit
Naturreis und Wolfsbarschmischung

Weiter mit
Wassermelone, Mango, Avocado, Radieschen und Brunnenkresse

Zum Schluss
rote Chilischote, schwarze Sesamsamen, Limettenscheibe

Register

T

W

Z

Über die Autorin

Heather Whinney ist eine erfahrene Ökotrophologin, Kochbuchautorin und Food-Stylistin. In Großbritannien war sie für mehrere Magazine als Food-Redakteurin tätig. Sie ist Autorin von *Expressküche* und *Glutenfrei kochen & backen* (beide Dorling Kindersley). An der Kochschule Cordon Vert, wo sie im Management tätig war, entwickelte sie ihre Liebe zum Rezepteschreiben.

Danksagung

Ich bedanke mich bei Christopher Stolle, dem Programmplaner, und Brook Farling, meiner Betreuerin, für ihre Geduld und ihre Hilfe; bei William Thomas für sein fantastisches Design; bei Fiona Hunter für ihre Nährwertberechnungen; bei Trish Sebben-Krupka für das Testen der Rezepte; und bei allen anderen, die an den Fotos für dieses Buch und an der Produktion beteiligt waren.

Die Entwicklung und das Schreiben der Rezepte hat sehr viel Freude gemacht. Bowl-Food steht bei mir mittlerweile an erster Stelle, wenn es um gesundes Essen geht. Es ist leicht zuzubereiten, schmeckt gut und macht zufrieden. Ich liebe gut gewürztes Essen, und ich denke, die Rezepte in diesem Buch spiegeln das wider. Wenn Sie beim Essen irgendwie eingeschränkt sind oder abnehmen möchten, ist das Letzte, was Sie brauchen, fades Essen. Ich hoffe, Sie genießen diese schmackhaften Rezepte genauso, wie ich es tue.

Viel Freude mit diesem Buch!

DK Penguin Random House

DK London
Lektorat Lucy Bannell, Brook Farling, Stephanie Farrow, Billy Fields, Fiona Hunter, Celia McCoy, Kathryn Meeker, Mike Sanders, Trish Sebben-Krupka, Susannah Steel, Christopher Stolle
Gestaltung und Bildredaktion Glenda Fisher, Christine Keilty, Steve Marsden, Phillipa Nash, Maxine Pedliham, William Thomas
Herstellung Sonia Charbonnier, Brian Massey, Stephanie McConnell, Tony Phipps
Fotos Maud Eden, Robert Merrett, William Reavell, Penny Stephens, Kate Wesson

Für die deutsche Ausgabe:
Programmleitung Monika Schlitzer
Redaktionsleitung Caren Hummel
Projektbetreuung Melanie Haizmann
Herstellungsleitung Dorothee Whittaker
Herstellungskoordination Arnika Marx
Herstellung Evely Xie

Titel der englischen Originalausgabe:
100 Weight Loss Bowls

Übersetzung Annerose Sieck
Lektorat Cordula Setsmann

978-3-8310-3417-8

Druck und Bindung Hung Hing, China

Besuchen Sie uns im Internet
www.dorlingkindersley.de

Hinweis
Die Informationen und Ratschläge in diesem Buch sind von der Autorin und vom Verlag sorgfältig erwogen und geprüft, dennoch kann eine Garantie nicht übernommen werden.
Eine Haftung der Autorin bzw. des Verlags und seiner Beauftragten für Personen-, Sach- und Vermögensschäden ist ausgeschlossen.